金华主城区

荣誉榜

RONG YU BANG

金华双龙洞
JINHUA SHUANGLONGDONG

中国 ZHONGGUO YOUXIULVYOUCHENGSHI 优秀旅游城市

金华的山水和人文旅游资源十分丰富。金华山川秀丽奇绝，首批国家AAAA级旅游景区双龙洞早已蜚声中外，黄大仙祖宫亦坐落于此。仙源湖旅游度假区，汤溪九峰山，兰溪六洞山地下长河，东阳花都–屏岩，永康方岩，浦江仙华山，武义郭洞–龙潭、牛头山森林公园，磐安花溪、百杖潭、大盘山自然保护区等，或为山奇，或为水秀，可谓各擅胜场。金华的文物古迹与奇山秀水交相辉映，有全国重点文物保护单位26处，省级文物保护单位92处，市、县级文物保护单位661处，文物保护点1115处。古迹遗址如颗颗明珠，点缀于八婺大地。太平天国侍王府、宋代名刹天宁寺、八咏楼等胜迹，诸葛八卦村、俞源太极村等神秘村落令游客流连忘返。传统与现代交融、人称东方好莱坞的横店影视城已成为广大影视工作者和游客心中的福地。2001年1月，金华市成为第二批中国优秀旅游城市。

古子城
GUZICHENG

八咏楼
BAYONGLOU

太平天国侍王府
TAIPINGTIANGUO SHIWANGFU

国家历史文化名城

GUOJIA LISHIWENHUA MINGCHENG

1995年7月，省政府批准金华市为省级历史文化名城。1996年，成立金华市古子城历史文化区管委会，制定《古子城历史文化区保护规划》，实施古子城历史文化片区的保护工程，坚持『辟新区，保旧城；复风貌，保子城；继文脉，保重点』的十八字方针。1997年，根据国家文物专家团意见和金华实际情况，保护一批原计划拆除的古建筑，并着意加以修缮，形成八咏路书画、古玩、工艺、文物一条街。1998年，投入资金400万元，拆迁包围八咏楼的30余幢民房，做好传统街区八咏楼的古建筑维修，恢复八咏路西侧古街风貌。2003年7月，启动东起宏济桥、西至胜利南街的八咏公园建设工程，重现『水通南国三千里，气压江城十四州』雄势。2006年，除对历史街区原有历史建筑进行修缮性保护外，还制定古建筑认养迁建方案，对古子城历史街区开展镶牙、集锦式古建筑整修工作。2007年3月18日，国务院批复金华为国家历史文化名城。

三江如镜
SANJIANGRUJING

国家卫生城市 GUOJIA WEISHENGCHENGSHI

2000年6月，金华市委、市政府提出“苦干三年，力争2002年达到浙江省文明城市和国家卫生城市标准”的目标。2002年12月，金华市获得“浙江省文明城市”荣誉称号。

2003年4月，建立金华市创建国家卫生城市领导小组。市委、市政府把创卫工作写入政府工作报告和《金华市国民经济和社会发展“十五”计划和2010年远景目标纲要》，列入政府2003年主要工作任务，市政府每月召开一次创卫工作例会，书记办公会议先后6次专题听取创卫情况汇报，市人大、市政协先后多次组织创卫督查和视察，市创建办建立创卫工作督办制度，从各社区聘请义务监督员。对群众和监督员举报的问题，市创卫办及时发出履行职责通知书。

2005年9月18日，市政府印发《金华市创建国家卫生城市工作规划（2005—2008）》。2007年5月，市政府印发《金华市卫生强市建设与“十一五”卫生发展规划纲要》。2008年5月，召开金华市创建国家卫生城市动员大会，掀起新一轮创卫高潮。2009年11月25日，全国爱国卫生运动委员会正式命名金华市为国家卫生城市。

金华人民广场 / JINHUA RENMINGUANGCHANG

全国双拥模范城市
QUANGUO SHUANGYONG MOFANCHENGSHI

金华市委、市政府坚持从战略高度和全局角度谋划双拥工作，以改革创新精神推进双拥工作，以创建双拥模范城市为动力提升双拥工作，使双拥工作不断向更高层次、更宽领域发展。驻金各部队把金华当作故乡，在支援重点工程建设、抢险救灾等急难险重任务面前，勇挑重担、冲锋在前，为金华经济社会发展作出了重要贡献。连年开展军地互办实事“双十项”活动。各单位、各部门及当地驻军，创造性地开展双拥共建活动，积极营造双拥氛围，投身双拥实践，夯实双拥基础。各界有识之士始终不忘感恩报国、拥军固防，积极投身爱国拥军事业，广泛开展社会拥军，推进拥军工作走上常态化、社会化轨道。通过积极探索实践，不断完善双拥工作机制，丰富双拥工作形式，科技拥军、政策拥军、法律拥军、项目拥军等都结出累累硕果，取得实实在在的成效，不断谱写着双拥工作的新篇章。2007年底，金华市首次荣获全国双拥工作领导小组、民政部、解放军总政治部授予的“全国双拥模范城市”称号。2012年，实现该荣誉称号“二连冠”。2015年3月，成立金华市爱国拥军促进会。

国家园林城市 GUOJIA YUANLIN CHENGSHI

根据《国家园林城市标准》的要求，结合金华实际，市委、市政府分解任务，责任到人，形成“以块为主、条块结合、上下配合、多方联动、分工负责”的创建格局。2009—2012年，市政府共投入园林绿化建设资金37642.06万元，园林绿化养护资金7112.11万元。至2011年底，建成区绿地率达36.56%，绿化覆盖率达39.15%，人均公园绿地面积12.02平方米。城市管网水检验项目合格率达到100%，城市污水处理率83.94%，城市生活垃圾无害化处理率100%。城市供水普及率、燃气普及率、污水集中处理率、垃圾无害化处理率等多项指标，达到国家园林城市标准。2013年3月和10月，省检查组、住房城乡建设部检查组分别到金华实地检查国家园林城市创建情况。2014年1月，住房城乡建设部发布通报，金华市成为国家园林城市。

金华回溪公园 / JINHUA HUIXI GONGYUAN

金华婺城新区鸟瞰 / JINHUA WUCHENGXINQU NIAOKAN

金华市体育中心
JINHUASHI TIYUZHONGXIN

中国 ZHONGGUO RENJUHUANJING FANLIJIANG
人居环境范例奖

全国科技进步先进城市

QUANGUO KEJIJINBU XIANJINCHENGSHI

新区机器换人现场
XINQUJIQI HUANREN XIANCHANG

义乌装备博览会
YIWU ZHUANGBEI BOLANHUI

电动汽车生产线
DIANDONG QICHE SHENGCHANXIAN

全国 QUANGUO
CHUANGYE XIANJINCHENGSHI
创业先进城市

2015年金华市连续第10年被省委、省政府命名为平安市

2015JINHUASHI LIANXU DISHINIAN BEISHENGWEI SHENGZHENGFU MINMINGWEI PINGANSHI

平安城市监控室
PINGAN CHENGSHI JIANKONGSHI

平安金华
PINGAN JINHUA

2014、2015年度全省“五水共治”工作优秀市

2014 2015 NIANDU QUANSHENG WUSHUIGONGZHI GONGZUO YOUXIUSHI

浙江省森林城市、绿化模范城市

ZHEJIANGSHENG SENLINCHENGSHI LVHUAMOFANCHENGSHI

义乌国际贸易综合改革试点

2011年，国务院批复同意《浙江省义乌市国际贸易综合改革试点总体方案》。到2015年底，义乌市场采购贸易方式实现平稳过渡并得到国务院推广；『义新欧』班列常态化运行，义甬舟开放大通道建设开始规划，紧密融入国家『一带一路』大战略；国际邮件互换局和交换站投入运行，成为浙江中西部跨境邮件进出口新通道；铁路口岸与航空口岸扩大开放，成为国家对外经贸交流合作新平台；形成以国家新型城镇化综合试点、农村宅基地制度改革试点、农村改革试验区、金融专项改革等为重点的改革方阵。

李克强在国际商贸城
LIKEQIANG ZAI GUOJISHANGMAOCHENG

国际展区加纳展团的商品吸引市民购买
GUOJIZHANQU JIANAZHANTUAN DE SHANGPIN XIYIN SHIMINGOUMAI

跨境电商大会
KUAJING DIANSHANG DAHUI

天猫超市
TIANMAO CHAOSHI

物流发货
WULIU FAHUO

金华现代服务业综合试点城市

2010年以后，金华市委、市政府先后制定一系列加快发展现代服务业的扶持政策，财政每年安排7000万元服务业发展引导资金，专门用于服务业重点产业、重点项目和重点企业的培育。先后出台《关于进一步加快发展服务业的若干政策意见》《金华市现代服务业重大项目计划管理暂行办法》等相关扶持政策；通过推进水电气价格并轨，开展人民币跨境贸易改革，出台支持战略性新兴产业及服务业发展等12项政策举措，促进企业发展。出台《金华市专利权质押贷款管理暂行规定》《商标专用权质押贷款管理试行办法》，开发商铺摊位使用权质押的“义乌通宝”、版权质押的“影视通宝”、供应链融资的“永康通宝”等个性化信贷产品，促进现代服务业发展。编制实施现代服务业人才发展规划，对紧缺的高素质专业人才和经营管理人员，实行与引进科技人员相同的激励政策。2014年8月，商务部、财政部批复金华启动现代服务业综合试点，金华是获批城市中唯一的地级市。2015年，金华市完成服务业投资4035.04亿元，同比增长24.8%，增速居全省首位。三次产业结构不断优化，带动电子商务、物流、服务贸易快速发展，新兴业态“集聚效应”持续彰显。全市试点项目库试点项目140个，总投资454.87亿元。

金义邮政电子商务示范园
JINYI YOUZHENG DIANZISHANGWU SHIFANYUAN

金义都市新区
JINYI DOUSHI XINQU

金华低丘缓坡综合开发利用试点

2011年12月，国土资源部批复金华市列入国土资源部低丘缓坡综合开发利用试点，给予5.4万亩低丘缓坡综合开发规模。金华市按照“宜农则农、宜林则林、宜建则建”的原则，充分发挥金华丰富的低丘缓坡资源优势，规划布局上既保障重点区域发展，又统筹兼顾各县市区的实际需求，积极推进低丘缓坡综合开发试点各项工作。

2012年，金义都市新区低丘缓坡开发试点区块获国土资源部批准，总规模控制在37715亩之内，开发期限为2011—2015年，为新区建设打开了拓展空间之门。

金华跨境电子商务试点城市

2013年，金华市委、市政府将电商产业作为“一号产业”强势推进。经过悉心培育，金华电商产业依托市场基础、激活民间力量，正在将浙中城市群打造成一个全新电商产业群。2014年5月，金华获批国家跨境贸易电子商务服务试点城市。7月1日，金华跨境贸易电子商务公共服务平台投入运行，日通关量最高达45527票，出口通关业务量在国内30个试点城市中排名第一。2015年，全市电子商务交易额达3360亿元，网络零售额1344亿元，总量居浙江省第二位；软件与信息服务业营业收入404亿元。与电子商务紧密相关的快递业务量达9.71亿件，增长58.8%，居全国第6位。全市有电子商务企业4.6万家，信息软件企业4106家，网商30多万户，年交易额超亿元的跨境电商企业6家。

中国电子商务协会确定“全球跨境电商大会”永久落户金华。2015年5月29日，全球跨境电子商务大会在金义新区召开，阿里、亚马逊、京东、苏宁、当当等电商巨头企业高管相聚金华，蜜芽宝贝、海蜜、洋码头等新兴进口电商企业悉数到场。同时，跨境电子商务产业联盟宣告成立。

境 电 子 商 务 海 关 监 管 区

金义都市新区
JIN-YI NEW URBAN AREA
GCCE
Global Conference
for Cross-border E-commerce
2015全球跨境电子商务大会
项目签约仪式
Global Conference for Cross-border E-commerce
GCCE
2015全球跨境电子商务大会

横店影视产业实验区

横店影视产业实验区是经国家广电总局批准，于2004年4月正式挂牌建立的全国第一个国家级影视产业实验区。集影视创作、拍摄、制作、发行、交易于一体的国家级影视产业实验区；建设一条拥有专业的影视产业设施、完善的影视行业服务以及完善的和具可拓展性的影视产业链。2013年，东阳横店影视文化产业实验区被列入国家级文化和科技融合示范基地。2015年底，有华谊兄弟等著名影视企业在内的645家企业入驻，艺人工作室达到246家。入区企业实现营业收入150.32亿元，同比增长12.01%；上交总税费15.07亿元，同比增长12.94%；接待剧组171个，接待游客1518.45万人次，同比增长10.45%；横店影视城旅游收入119200.47万元，同比增长17.67%。横店电影院线有限公司拥有影城239家，经营总收入23.25亿元，同比增长70%，其中票房同比增长88%，远高于全国票房同比增幅，院线排名全国第八。实验区被省发改委、省财政厅评为2015年省级服务业集聚示范区。

老陈

前 言

金华地处浙江中部，北连宁绍达沪杭，南下闽赣通两广，西道赣洪与徽州，东望大海可出洋。盆地的地理形态，利于远古原始人类应对地理和自然变化。于是，万年上山人在此过着种植与定居生活。北纬30度的丰富特产随处可见，茶花、佛手是其中代表。勤劳的金华人民在劳动和生活中不断创造物质财富，于是有了闻名中外的金华火腿、酥饼和茶叶，有东阳木雕和竹编，有金华酒和婺州窑……几千年来，八婺大地生产与文化交融，理学与生活贯通，智慧的金华人民创造着物质财富同时创造出独特的婺文化，形成了勤劳崇学、诚实包容的地方精神。

六七千年前的卷转虫海侵时期，宁绍平原成为一片浅海，金华便成宁绍住民转移的首选地。在中国历史上几次人口大转移中，金华都成为北方住民南迁定居的集中地。这种人口的变迁，带来了文化的交融，于是金华文风鼎盛，名人辈出，独特的婺文化逐渐形成并得到传扬。赤松山道教文化、婺学影响深远。两宋时期，金华成为东南地区著名的文化和学术中心，被誉为“小邹鲁”。“初唐四杰”骆宾王、渔歌体首创人张志和、诗僧贯休、抗金名将宗泽、“元医四大家”朱丹溪、明代开国文臣之首宋濂、“东方莎士比亚”李渔、国画大师黄宾虹、诗坛巨匠艾青、史学家吴晗、文学批评家冯雪峰、科学家严济慈、人民音乐家施光南等等，都是杰出代表。金华人在祖国昌盛时耕读传家，立德立言立行，追求个人品行，构建祥和社会，“江南第一家”便是典范。在国家危难时，金华人敢于担当，挺身而出，赴汤蹈火，远有宗泽、义乌兵，近有陈望道、邵飘萍，还有那些“感动中国”人物，不胜枚举。

“水通南国三千里，气压江城十四州。”这是李清照写金华的诗句，也是金华的地理地位的写照。金华为浙中重镇，是兵家必争之地，明太祖朱元璋曾屯兵于此，太平天国运动留下了侍王府，抗日战争时期成为浙江的政治军事中心。清末民国初期，浙江设四个道，金华是其中之一。这些厚重的历史遗产和秀丽的山水自然风光，在今天便成为优秀的旅游资源。

金华这块神奇的土地，曾经留下毛泽东、周恩来、朱德、邓小平等老一辈领导人的足迹，留下他们对金华的殷切期望，也留下了历届中央和国家领导人的足迹和期望。金华各级党组织和政府带领金华人民认真贯彻党的路线方针和政策，努力拼搏，做出一个又一个令人奋进的成绩。改革开放前，改造低产田、小水电建设、杂交水稻制种等成为全国先进典型。改革开放后，金华在全省率先推行家庭联产承包责任制，国有企业改革走在全国前列，1990 年成立全国首家异地上市公司。民营经济异军突起，支柱产业快速发展，义乌小商品城、永康科技五金城、东阳横店影视城闻名于世。“十二五”期间，金华各项事业取得新的进展，保持赶超发展态势。县域经济持续发力，向都市区经济转型，进入全省第一方阵。特别是信息网络经济蓬勃发展，充分彰显出创业创新、赶超发展的生机活力和强劲势头。沧桑览巨变，往事历千年。从“冲出盆地”解放思想，到“发展城市群、共建大金华”的浙中城市群发展战略，再到打造浙江省第三大城市群、第四大都市区战略部署，金华正在浙中大地迅速崛起。

本书贯彻中共十八大提出推进中国特色社会主义事业作出“五位一体”总体布局的精神，将全书内容按自然地理人口、经济、政治、文化、社会的志书体例，分为地灵人杰、崛起之路、执政为民、文脉相传、和谐生活、生态整治分类编排。“修志问道，以启未来。”(李克强总理批示)“对地方历史及传统的了解和信念是一个人、一个地方自身定力、自信、自尊的重要来源。客观认知地域文化和传统，在深厚传统基础上对理想和信念的思考、探索，是一个灵魂净化和提升的过程，也是一个地方人心凝聚和社会进步的过程。”我们为之努力。

上下几千年，方圆几百里，挂一漏万，如何选取内容为难于全书的整个编写和修改过程。错误纰漏，敬请指正。

编 者

【目 录】

地灵人杰

地理概况 …… 2
金衢盆地的形成 …… 3
山脉 …… 4
水系 …… 5
史前文明 …… 7
“八婺”的由来 …… 8
中华人民共和国成立后金华行政区划演变 …… 9
历代人口大批迁入简况 …… 10
金华市境户数人口数量 …… 12
姓氏源流概说 …… 14
历代名人简介 …… 18
辛亥革命在金华 …… 24
金华新民主主义革命概述 …… 26
毛泽东与金华 …… 29
感动中国人物 …… 32

崛起之路

传统农业工具 …… 34
1949 年前土地开发利用 …… 35
1949 年后土地综合开发利用 …… 36
杂交水稻的推广 …… 38
土地流转的发展 …… 40
茶业 …… 42
金华火腿 …… 43
乳制品业 …… 45
金华酥饼 …… 46
酿酒业 …… 48
传统造纸业和印刷业 …… 50
建筑业 …… 51
交通运输制造业 …… 52
小水电建设 …… 54
电业 …… 55
古近代交通 …… 58

浙中公路枢纽网络 …………… 59
铁路 ………………………… 61
民航 ………………………… 64
物流业 ……………………… 65
古代集市 …………………… 68
商品市场 …………………… 69
企业改革 …………………… 73
境内上市企业 ……………… 76
民营经济 …………………… 77
县域经济 …………………… 78
支柱产业 …………………… 81
优质品牌产品 ……………… 84
进出口贸易 ………………… 85
现代服务业综合试点 ……… 87
网络经济 …………………… 88
银行金融业 ………………… 90
婺商回归 …………………… 92
对外开放 …………………… 94
经济技术开发区 …………… 97
金义都市新区 ……………… 99
特色旅游 …………………… 101

执政为民

新政权的建立与巩固 ……… 104
解放初期的剿匪斗争 ……… 105
土地改革 …………………… 106
农村家庭联产承包责任制的实行 ……………………………… 107
中共金华地委代表大会 …… 109
中共金华市代表大会 ……… 110
金华市人民代表大会 ……… 112
金华历任市委(地委)书记 …… 114
金华历任市长(专员公署、行政公署专员) ……………………… 115
小城镇综合改革 …………… 116
“发展城市群,共建大金华”战略 ……………………………… 118
率先实施权力运行监督机制… 121
后陈经验 …………………… 125
首创“365服务” …………… 127
电子政务建设 ……………… 128
8890便民服务 ……………… 129
四换三名 …………………… 131
三改一拆 …………………… 133
四破攻坚 …………………… 135

文脉相传

古代官学 …………………… 137

书院教育 …… 138
古代私学教育 …… 140
古代科举情况 …… 141
基础教育和高等教育概况 …… 142
婺学概况 …… 144
民间信仰 …… 146
文学创作 …… 148
书画源流 …… 151
古代刻书 …… 154
木雕 …… 155
竹编 …… 157
婺剧 …… 159
金华斗牛 …… 161
婺州窑 …… 163
饮食文化 …… 164
传媒业 …… 167
科技发展 …… 171

和谐生活

古代村落发展概况 …… 175
金华城区发展 …… 176
城市防洪工程 …… 180
金华城区文化场馆 …… 182
千村示范、万村整治工程 …… 184
新农村建设 …… 185
下山脱贫工程 …… 187
养老保障机制 …… 189
体育强市建设 …… 191
卫生事业 …… 193
“多湖模式”在全国推广 …… 196

生态整治

防灾减灾 …… 199
水利工程概说 …… 202
水土保持和水源涵养 …… 204
小流域治理 …… 207
环境保护 …… 209
五水共治 …… 215
生态市建设 …… 217

金华概览

地灵人杰

地理概况

金华位于浙江省中部，界于北纬28°32′～29°41′，东经119°14′～120°46′30″。东邻台州，南毗丽水，西连衢州，北接绍兴、杭州。南北跨度129千米，东西跨度151千米，面积10942平方千米。市区位于东阳江、武义江与金华江交汇处，2015年面积2049平方千米。

金华市地处金衢盆地东段，为浙中丘陵盆地地区，地势南北高、中部低，“三面环山夹一川，盆地错落涵三江”是金华地貌的基本特征。市境东、东北有大盘山、会稽山，南属仙霞岭，北、西北接龙门山及千里岗山脉。市境的中部以金衢盆地东段为主体，周边镶嵌着武义盆地、永康盆地、南马盆地、浦江盆地、墩头盆地等盆地。盆地底部是宽阔不一的冲积平原，地势低平。上游东阳江自东而西流经义乌，在金华市区汇合武义江而入金华江。金华江向西北流往兰溪，在兰溪城区汇入兰江。

金华市属中亚热带季风气候，热量丰富，雨量较多，有干湿季节，春早秋短，夏季长而炎热，冬季光温互补。盆地小气候多样，有一定的垂直差异，灾害性天气较频繁。

金华市境内海拔最高峰为武义县和丽水市遂昌县交界的牛头山，海拔1560.2米。最低点为兰江北流建德市境的将军岩，海拔23米。金华市区北面的金华山最高峰为大盘尖，海拔1312米。山地顶部有盘前和武坪殿两块缓坡地，南坡山腰有双龙洞等溶洞。金华山向东北延伸为义乌、浦江的红岩丘陵，向西南终于兰江河岸丘陵。

武义牛头山

金衢盆地的形成

永康方岩丹霞地貌

2.5亿年前，金华是一片广阔的浅海。距今2.5亿年，地球发生海西运动，地壳抬升，金华“水落石出”。1亿多年前开始，延续了几千万年的燕山运动，形成了金华山(北山)和金衢盆地。燕山运动初步奠定了中国东部的现代地貌。而此时的喜马拉雅山和青藏高原还是一片汪洋大海。

金衢盆地是浙江省最大的走廊式盆地，盆地沿着东北—西南方向横贯浙江中西部，东起东阳市巍山镇，西至衢州市柯城区沟溪乡，长200多千米，南北宽度变动在3～35千米之间。盆地底部海拔50米左右，边界线海拔多在100～200米之间变动，边缘与山地界限清晰，四周为500～1000米的山地，河流从四面八方向盆地中心汇聚。金华市域西至兰溪市游埠镇，略呈S形，长100多千米，面积约1500平方千米，占金衢盆地总面积的一半稍多。

丘陵是金衢盆地内的主要地貌类型。盆地内部地形多样，随着从盆底到盆缘高度的逐级提高，地形类型也发生相应的变化。金衢盆地内的块状山地金华山，山北有墩头盆地与龙门山地。

山 脉

金华市境内山脉在地质构造上属南岭山系华厦山脉，大多呈东北—西南走向。主要山脉有仙霞岭山脉、大盘山脉、龙门山脉、会稽山脉、千里冈山脉。千米以上山峰265座。

仙霞岭山脉 又名古泉山，从闽、赣边境伸入浙江省，东北—西南走向，分南北两支延伸于衢江和金华江以南的婺城区、金东区、武义县和永康市中西部，义乌市南部。长130千米左右，呈北东东走向。

大盘山脉 在仙居县与磐安县之间，长约50千米，呈北东—南西走向。大盘山西南承接仙霞岭，东北连接天台山、四明山和会稽山。主干绵亘于磐安县，分支伸展至东阳市东阳江及其支流白溪以南，义乌市东部和永康市东南部。为钱塘江、瓯江、灵江、曹娥江的主要发源地，素有“群山之祖，诸水之源”之称。

龙门山脉 分布于市域北部浦江县、义乌市等地。主体跨越萧山、柯桥、桐庐、诸暨和浦江、义乌等县(市、区)，介于富春江与浦阳江之间，北东—南西走向，山脉全长90千米。龙门山脉在市境内，由于墩头盆地的陷落，并向东侵蚀，浦江盆地的向西推进，形成中间南北相连，两头隔离的格局。

会稽山脉 主体绵亘于柯桥、诸暨、上虞、嵊州等县(市、区)交接地带，一支余脉延伸与东阳市东阳江及其支流白溪以北，义乌市浙赣铁路以东的地区。是东阳江、浦阳江和曹娥江的分水岭。山脉全长79千米，北东—南西走向。

千里冈山脉 主体逶迤于开化县、常山县、衢江区、兰溪市、建德市和淳安县境内，呈北东—南西走向，长达100余千米。分南北两支自建德市延伸入境，分布兰溪市兰江以西，衢江以北诸乡镇。

水 系

金华市的江河分属钱塘江、瓯江、椒江三大水系，主流在10千米以上溪河有153条。属钱塘水系的主要江河有兰江(包括衢江、金华江)、壶源江、浦阳江和曹娥江，市境内流域面积9674.33平方千米，占全市总面积88.62%，主流在10千米以上溪河135条；属瓯江水系的有宣平溪、菊溪和好溪，市境内流域面积949.71平方千米，占全市总面积8.69%，主流在10千米以上溪河13条；属椒江水系的有溪炉港和始丰溪，市境内流域面积293.96平方千米，占全市总面积2.69%，主流在10千米以上溪河5条。

兰江 上游衢江东流至兰溪市城区，金华江汇入后称兰江，转北流至建德梅城汇合新安江，入富春江库区。金华市境内总长45.8千米，其中衢江段23.3千米，兰江段22.5千米。汇入支流有甘溪、梅溪等。

衢江 境内全长23.3千米，流域面积1.11万平方千米。流入支流有游埠溪、莘畈溪、厚大溪、赤溪。

金华江 又名婺江，上游东阳江在金华市区燕尾洲与武义江汇合后称金华江。全长180.1千米，河道平均坡度1.07‰，流域面积6764.2平方千米。主要支流有白沙溪、马达溪等。

东阳江 亦称义乌江，分为北江和南江。主流北江发源于磐安县尚湖镇龙乌尖，南江发源于磐安县双峰乡仰曹尖，两江在义乌合作乡中央村汇合，流经佛堂、倍磊至金华。主流全长152.4千米，河道平均坡度1.14‰(其中佛堂至金华段0.457‰)，流域面积3407平方千米。主要支流有八达溪、白溪、南江、吴溪、航慈溪、孝顺溪、芗溪等。

武义江 发源于武义县泉溪镇千丈岩的南溪与华溪汇合后称永康江，西流入武义县后称武义江。转北流至金华市区燕尾洲汇入东阳江。主流长116千米(市境内95.4千米)，河道平均坡度1.48‰(其中武义莲塘口至金华市区段0.671‰)，流域面积2510.9平方千米。主要支流有李溪、华溪、熟溪、白溪、小白溪、八仙溪、梅溪等。

壶源江 发源于浦江县花桥乡天灵岩西北麓，东北转北流入桐庐、富阳汇入富春江。全长88千米，市境(浦江县境)

内主流长 48.80 千米，集水面积 383.13 平方千米。

浦阳江 发源于浦江县花桥乡天灵岩南麓，北流至杭州市萧山区汇入钱塘江。主流全长 151.1 千米，市境(浦江县境)内主流长 49.61 千米，流域面积 492.6 平方千米。

曹娥江 发源于磐安县尚湖镇城塘坪，市境内称夹溪。东北流经新昌县、嵊州市至上虞入钱塘江，全长 192 千米，市境内 34.8 千米。

宣平溪 上游称西溪，发源于武义县西联乡东坑，南流至丽水市入瓯江(上游称大溪)。市境内长 36 千米。

菊溪 发源于武义县新宅乡桑坑头，小安溪南流至丽水市瓯江。境内长 23.4 千米。支流有大莱溪、沿溪。

好溪 古称恶溪。发源于磐安县双峰乡马祥岭，西流缙云县至丽水市入瓯江。境内主流长 34 千米。

溪炉港 灵江主流永安溪的支流。发源于磐安县盘峰乡大岭头，至仙居县入椒江(永安溪)。境内长主流 26 千米。支流有龙溪。

始丰溪 灵江的支流。发源于磐安县大盘镇大盘山，至天台县、临海市入椒江。市境内主流长 33 千米。支流有柘溪、许溪。

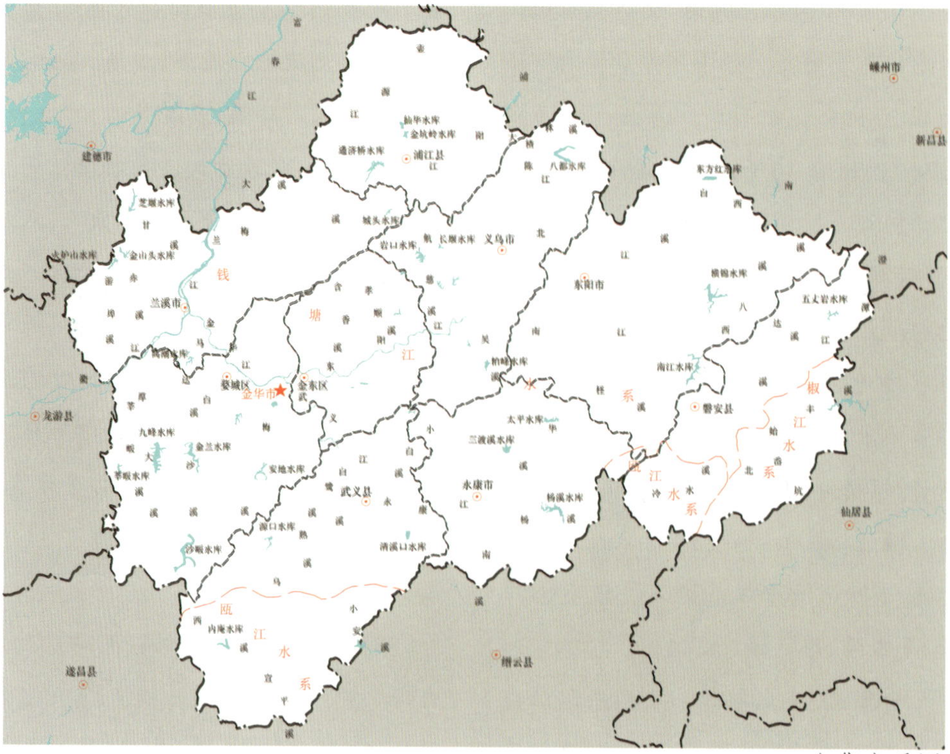

金华水系图

史前文明

在距今6550万年前的白垩纪，金华大地是一片郁郁葱葱的森林。河流、湖泊密布，是恐龙的家园。距今十万多年前，“建德人”在今金华市域附近活动。

20世纪末在双龙洞附近挖掘出大熊猫、剑齿象、金丝猴等48种动物化石以及一些文物。经测定，这些动物生活在距今大约10000到7000年前。由此推测，一万多年前的金华地域，气候温暖湿润，温度要比现在高4℃左右，是典型的亚热带湿热气候。全新世之初(距今约1.2万年前)，卷转虫海侵发生并发展，宁绍平原土地缩小，自然环境恶化，原始居民开始迁移离散。卷转虫海侵鼎盛时期(距今约7000到6000年前)，宁绍平原成为一片浅海，一批生活在宁绍平原的越人向金华大地迁移。

浦江县上山发现10000多年前新石器时期的稻谷遗存，稻作历史比河姆渡提早了3000年，是迄今为止考古学家发现的最早栽培稻作。“上山人”过着农业定居生活，开始农业种植和畜牧业生产，食物来源既有野生的动植物，也有经人工培育种植的稻、粟、黍粮食作物与人工驯养的猪、羊、牛、鸡、犬等家畜，形成早期氏族村落。考古专家发现“成排木柱构成的建筑遗址”，证明上山人已经能够构建木结构房屋。上山遗址以石锛、石斧、石球、石磨棒、石磨盘及厚胎夹炭红陶盆等为组合特征的遗存，与原始的采集、农业经济模式密切相关，印证了新石器时期早期生活的痕迹。发现的诸多打制和磨制石器，还有切割工具，具有明显的由旧石器向新石器过渡的特征。“上山文化”出土的盆、盘、鼎、豆、壶、簋等，还有釜、罐、盉等器物以陶器居多，标志着主食的烹饪方式已经由蒸、煮、熬、炖等复杂的方式取代了单纯的烧烤法。制陶术和烹饪术反映了上山人较高的生活质量和审美水平，金华古文明程度已经达到了相当高的水平，是长江下游地区新石器时代文化的源头之一。

考古发现，婺城区罗埠镇山下周村有9000多年前种植水稻的迹象。武义县大田乡大公山村挖掘到距今7000到8000年左右的碳化稻谷粒。永康、兰溪、义乌、东阳、磐安都发掘到新石器时代的石锛、石斧、石镰等，还有一些陶器残片。

“八婺”的由来

金华府城图

金华市域春秋时属越国。秦、汉为乌伤县，属会稽郡。三国吴宝鼎元年(226)置东阳郡，以郡在瀔水(衢江)之东、长山之阳得名。东阳郡领长山（今婺城区、金东区、兰溪市)、乌伤(今义乌)、永康、吴宁(今东阳)、丰安(今浦江)、太末(今龙游)、新安(今柯城区、衢江区)、定阳(今常山)、平昌(今遂昌)9县，治所设长山。

南朝梁绍泰二年(556)就东阳郡置缙州。陈天嘉三年(562)省缙州复东阳郡。后改为金华郡。金华郡领长山、乌伤、永康、吴宁、丰安、太末、信安、定阳、遂昌、建德10县。

隋开皇十三年(593)改置婺州，以其地为天文婺女分野而得名。大业三年(607)，废婺州，复置东阳郡。唐武德四年(621)改东阳郡置婺州。天宝元年(742)婺州复为东阳郡。乾元元年(758)复为婺州，一直延续到宋元。

元至元十三年(1276)，改为婺州路。至正十八年(1358)改名宁越府。至正二十年（1360）改名金华府。明成化七年(1471)金华府领金华(府治)、兰溪、东阳、义乌、永康、武义、浦江、汤溪8县，故又称“八婺”。

中华人民共和国成立后金华行政区划演变

1949年5月7日,金华解放。10月22日,金华专区辖金华、兰溪、东阳、义乌、永康、武义、浦江、汤溪、磐安9县。11月,于金华县城区设金华市(县级),于兰溪县城区设兰溪市(县级),金华专区辖2市9县。1950年4月,建德、寿昌、淳安、遂安4县划入。5月,撤金华市(县级)并入金华县,撤兰溪市(县级)并入兰溪县。1951年7月,复置金华市(县级)。1952年1月,缙云县划入。1953年1月,诸暨、桐庐、分水县划入。1955年3月,建德、寿昌、淳安、遂安、桐庐、分水6县划归复设的建德专区。同时,衢州专区、丽水专区撤销,衢县、龙游、江山、常山、遂昌、松阳、宣平7县划入。1957年9月,诸暨县划归宁波专区。1958年,撤宣平县入武义县、丽水县,撤汤溪县入金华县,撤遂安县入淳安县,撤磐安县入东阳县,撤武义县入永康县,撤松阳县入遂昌县,撤常山县入衢县;建德(寿昌县并入),桐庐(分水、新登2县并入)、淳安、开化4县划入。1960年1月,撤浦江县入义乌县,撤龙游县入衢县。8月,富阳、桐庐县合并为桐庐县,划归杭州市。1961年12月,分衢县复设常山县,分永康县复置武义县。1962年12月,撤金华市(县级)入金华县。1963年5月,建德、淳安县划归杭州市,遂昌、缙云县划归复设的丽水专区。1966年12月,恢复浦江县。1968年4月,改金华专区为金华地区。1979年9月,以金华城关镇和郊区复置金华市(县级),以衢州城关镇和郊区复置衢州市(县级)。1981年1月,金华县改为金华市(县级),衢县改为衢州市(县级),原金华市(县级)、衢州市(县级)并入。1983年,恢复磐安县、龙游县。

1985年5月15日,撤销金华地区,金华市(县级)、衢州市(县级)分别升为地级市,实行市管县体制。于金华城区设立婺城区;郊区设立金华县。撤销兰溪县,设立兰溪市(县级)。金华市辖婺城区、兰溪市和金华、永康、武义、东阳、磐安、义乌、浦江7县。龙游、开化、常山、江山县划归衢州市管辖。1988年5月,撤义乌县设义乌市(县级);撤东阳县设东阳市(县级)。1992年8月,撤永康县设永康市(县级)。2000年底,撤金华县设金东区,金华市辖婺城、金东2个区,浦江、武义、磐安3个县,兰溪、东阳、义乌、永康4个县级市。

历代人口大批迁入简况

金华记忆

第一次北方人口入迁，从三国开始至两晋一直到隋唐时期。早期往江东迁徙的移民多数进入杭嘉湖和绍兴地区，金华因地理位置略偏南而移民入迁有限。随着境内的开发，一些移民及其后裔向南迁入金华地区。隋唐之际，北方包括江淮地区发生规模较大的战争，金华境域涌入较多的移民。

第二次北方人口入迁，从唐天宝十四年(755)始。北方发生“安史之乱”后，长期陷入战乱，人口大批南迁，一直延续到唐末五代。随着战乱区域的扩大，一些北方移民经过江淮地区再向南迁移。金华位于江淮进入闽、赣的交通要道，有的移民到此便定居下来。五代十国，金华处在吴越国统治下，保持70多年相对和平安定，社会经济有所发展，不少灾民奔向这块“乐土”。

第三次北方人口入迁，发生于北宋末年，金人大规模南侵时。“靖康之难”后，北方广大地区引发一场规模浩大、持续时间长久的人口南迁。以南宋首都临安(今杭州市)为中心的江浙一带对移民吸引力最大，是北方移民的主要迁入地。金华境域由于靠近临安，接纳一定数量的北方移民，其中有许多士大夫。

清咸丰十年(1860)后，金华境域成为太平军与清军激战的战场，成千上万百姓被迫背井离乡。战后大片田地荒芜，清朝地方官府实行各种招徕移民垦荒的优惠措施。同治、光绪年间，大批外地农民迁入境内垦荒，并逐渐定居下来。移民大多来自苏北、安徽、江西、福建。光绪中期以后，各地外出从事商业、手工业的人越来越多，进入城镇谋生。金华府外迁人口多从事手工业；外省市入迁金华府的，则徽州人多经商，江西人多打工。

1928 年，金华所属 8 县计户 56.34 万，人口 206.30 万。沿东阳江、义乌江至婺江两岸，永康江、武义江沿婺江两岸，村庄首尾相接，数百户大村密匝结集，鸡犬之声相闻。浙赣铁路开通，县际公路日益增多，部分村落沿铁路、公路扩容。如郑家坞、大陈、苏溪、荷叶塘、叶店、蒋堂等依托车站，建新宅、设新铺，另成新村。日军入侵金华期间，有几十个村庄被日机炸毁、日军烧毁，损毁民房 1 万多间，被迫重新迁址建立新村。1949 年底，金华有行政村 4000 余个，自然村落 5300 个。其后相继建造大中型水库，在金华为移民安排安置，另建新村，如新安江水电站安置淳安移民 1.25 万。所建新村多以迁出地村名命名。随着城乡一体化建设加快，近郊村落陆续归入城区改为居民委员会。

金华市境户数人口数量

金华市境历代户数人口数一览表

表 1

纪元	公元(年)	户数(户)	人口数(人)	资料来源
西汉元始二年	2	7000	–	据《汉书·地理志》测算
东汉永和五年	140	8000	–	据《续汉书·郡国志》测算
西晋太康元年	280	8100	–	据《晋书·地理志》测算
南朝宋大明八年	464	10500	–	据《宋书·州郡志》测算
隋大业五年	609	13000	–	据《隋书·地理志》测算
唐武德四年	621	18900	–	据《万历金华府志》测算
唐元宝元年	742	144086	707152	新、旧《唐书·地理志》
北宋太平兴国五年	980	33046	–	《太平寰宇记》卷 97
北宋大中祥符三年	1010	134985	674925	万历《金华府志》卷 5 测算
南宋绍兴年间	1131—1162	154329	771645	万历《金华府志》卷 5 测算
元至元二十七年	1290	22111	1077540	《元史·地理志》
明成化八年	1472	164507	617502(丁口)	万历《金华府志》卷 5
明天启七年	1627	387200	1860000	据前后人口增长率推算
清顺治元年	1644	–	216062(丁口)	康熙《金华府志》卷 5
清嘉庆二十五年	1820	567657	2549816	《嘉庆统一志》
清宣统二年	1910	309702	–	清末民政部户口调查清册
民国 17 年	1928	563383	2062934	民国内务部户口调查
民国 25 年	1936	502000	2156600	《浙江省情》
民国 37 年	1948	492964	2169126	《浙江省情》

注:丁口即男女人口,男子 16～60 岁称丁,妇女称口

金华市六次全国人口统计表

表 2

普查标准时间	总户数(户)	总人口(人)		
		合计	男	女
1953 年 6 月 30 日 24 时	622950	2362007	1216014	1145993
1964 年 6 月 30 日 24 时	707168	2870178	1480546	1389632
1982 年 7 月 1 日零时	1009860	3986955	2063069	1923886
1990 年 7 月 1 日零时	1243655	4119996	2114558	2005438
2000 年 11 月 1 日零时	1563490	4571881	2345303	2226578
2010 年 11 月 1 日零时	1942200	5361600	2777700	2583900

2015 年

2015 年，全市出生人口数 42727 人，出生人口性别比 109.46。年末全市总户数 1856840 户，总人口 4780896 人，男性 2433613 人，女性 2347283 人，城镇人口 2108993 人，乡村人口 2671903 人。

第六次全国人口普查社区申报点

姓氏源流概说

秦汉时期，现金华区域姓氏源流可考者有颜、杨、刘、楼、骆、赵、陈、留、斯等。六朝时，东阳郡据所见资料，姓氏有丁、王、毛、朱、齐、孙、宋、吕、刘、吴、李、许、厉、阮、祝、应、路、骆、单、张、陈、赵、郑、留、斯(史)、徐、胡、金、唐、殷、湛、舒、梅、郭、贾、谢、葛、莫、黄、傅、费、龚、娄、楼、蔡等45个。

金华大村望族多为避乱由北方迁入，也有职官秩满寓居，后裔落籍渐成大族。东汉骆姓先祖在乌伤境内繁衍，形成松林、梅林、竹林三世系，骆宾王为松林世系。西晋临海太守朱泛秩满后居乌伤蒲塘，后改名赤岸。东晋镇南将军应詹至永康建村，因传墓产灵芝，取名芝英，成为永康第一大村。南朝冯姓北方迁入在东阳郡建冯家楼，南宋其中一支逃难赤岸，分居神坛村，冯雪峰系其后裔。隋代黄惠卿自江夏迁入浦阳，定居地即今之黄宅。

唐初外地山民集聚北山洞源采烧石灰，遂成洞源村落。唐容州刺史厉文才辞官建别墅于东阳厦山，后成夏厉墅村。东阳郡判祝钦慈秩满后居汤塘，后子孙形成婺城东祝、西祝、中祝、祝家店边、派溪童、经堂边等村落。蒋姓先祖从河南弋阳迁居东阳，避洪而居，取名“让涨”，后成火腿名村上蒋村。吴养迁居浦江广明山麓，建村前吴，吴茀之为其后裔。永康李溪为睦州至温州驿道，为一时聚集之所，遂成下里溪村。兰江码头的船工渔户上溯至香溪聚居，渐成香溪村。郭氏自天台迁东阳，繁衍鼎盛，称“十里长衢”郭宅。唐末兵乱，河南人范思德择香溪而居，形成“一门双国柱，十子九登科”范姓大族。

五代，于姓避乱浦阳双溪之地，建前于村，后成浦江望族。诸葛亮后裔诸葛青迁居兰溪，即今诸葛村。崇文馆直学士洪勋迁武义熟溪，建下王宅村。申寒自苏州迁金华城南山口，因地取名上冈口，今安地上干口村。陈庆迁居永康东华溪滨，后迁龙窑，为南宋状元陈亮出生地。吴宁县令张潮次子遭追杀匿入莲塘，后居家塘边，名村托塘，为张姓大族，明代大学士、兵部尚书张国维为其后裔。王氏自太原迁入东阳西南，建王坎头村。俞爽将俞氏从义乌迁孝顺，一支再迁浦

诵读《诸葛诫子书》

川，即今浦口。另一支后裔又迁武义俞源。后周殿前检点、工部尚书卢琰义不臣宋，携族人和柴荣幼子隐居东阳锦溪，宅分两处为上宅、下宅，人称为上卢、下卢。卢琰收柴荣幼子为第九子，改名卢璇，徙居安溪，建村柴卢，即今案卢。缪姓自山东广平迁入浦阳，在横溪繁衍。

宋代，方昱为避战乱自桐庐到义乌江边固塘建村，始称“固塘方”，现称“马头方”。卢琏七传孙迁东阳巧溪，再迁雅溪，即今卢宅。北宋名士吕邦彦从山西迁至东阳湖溪，村名千家占。子嗣吕友能三代七进士，改名马上桥。越国（恐为吴越国误）御史中丞陆钰嗣孙迁东阳高沙，建村陆宅。吕宜中从河南迁入永康清渭街，后吕姓成永康望族。郑自镛裔孙自遂安迁入浦江，自建炎初合族同居历350年，建村郑宅，世称“江南第一家”。胡承师避乱于永康乌溪江之库川，其子胡则被封保定郡开国公，尊为胡公。后改村名胡库。靖康之难后大批北方居民南迁金华，村落一时骤增。赵姓受诏迁于武义东南大湖之滨，建赵宅。河北颍川陈姓迁义乌凤凰山龙溪，村号大陈。陈氏另一支入义乌龙山岗，岗有一池，分别润泽义乌、浦江，遂名分水塘，为现代语言学家陈望道出生地。金兵攻陷兖州，孔子后裔南迁磐峰榉川，成婺州南孔名村榉溪。柳贯先祖迁兰溪乌蜀山，居天山之阳，建横溪村；张姓入金华，入赘潘氏，后成潘村；长安傅姓居浦江柳溪建傅宅；唐宪宗李纯后裔迁居东阳东郊，建李宅；李大可迁兰溪龙门建村夏李，系清代戏剧理论家李渔故里；徐州铜山金姓迁居兰溪桐山后金，南宋大儒金履祥生于此，其孙金汝霖迁居婺城，后裔又迁桐琴。龚实自汴梁南渡居义乌钓鱼矶，发族建九联村；青州王博禄卜居东阳白象山、狮子山，建象村，即今上村；东平须城巩庭芝居武义泉溪，建巩宅；尚书吕大嘉谪牧婺州，其子吕洙入赘永康童氏，嗣后徙上塘头、夏家龙、西村；汤姓迁武义熟溪，建溪南汤村。蔡元定遭谪道州，命任婺州教谕的长子携孙避难磐山顾岭，后昭雪还誉，遂名梓誉。南朝沈约二十三世孙沈幞从姑苏迁入金华孝善里(傅村)，建沈宅村。吴效澄在东阳淞水、笠峰结庐事农，裔孙建吴良村。南宋以来东阳有“三大宅”(路西陈宅、长衢郭宅、横城贾宅)、“四名家”(东李、西乔、南俞、北杜)等望族。福建、南京难民因灾谋生落籍金华，始有安地铺仓村、箬阳琴坛村，至今村内仍用福建方言，箬阳狮毛坪内南京话为通话。

浦江“江南第一家”

元代，夏日行任婺州通判，从会稽迁居永康马鞍山，建仙夏，后名世雅。南宋江州刺史王元一耻为元臣，隐匿东阳白溪丰草坪，取名龙降，后改名王村冈，今称王光村，是现代报业巨头王惕吾故里。洛阳贾姓游浦江献山，慕风土而定居，村名旌坞。徐柏一避隐金华琅琊山后坞，繁衍成琅琊徐村。湖广廉访使程楷迁入永康，其孙迁居方岩，世称岩下。宋宰相何执中后裔何寿之按《内经图》营造村落，因山环如郭，幽邃如洞，取名郭洞。紫溪邵礼给东阳马府太师栽花护园，后赐花园给邵，繁衍成族，取名花园村。陆万四为避战乱由寿昌迁茂乌，其孙再迁居兰溪厚仁，分宅前陆、后陆。

明代，不断有外地移民垦殖定居，大户分析迁徙新建村宅。磐安里光洋村，渐有讨种别人土地而进山的王、蒋、厉、张、何、李、汤、吴、施、周、金、孙、袁、董诸姓徙入。陈旻从兰溪白沙迁陈凤坑，后有许姓、季姓相连，成现今群生村。永康吕柚由夏家龙徙居大通寺口，建寺口村。郑宅遭火宅，子孙散居，后成前陈、前王郑、戚家塘等村。屿东人楼姓在一苇塘边落脚，繁衍成苦竹塘村，为历史学家吴晗故里。吴姓迁入浦江八仙岩，建吴大路村。义乌楼姓后裔迁入浦阳，建大溪楼村、牛车头村。陈赤富兄弟由遂昌逃荒谋生，迁金华溪口金竹坪，因开采银矿为生，改村名银坑。明中叶东阳千祥、横店、维风、仙居官山迁入磐安山区，以砍柴为生，聚集为陈华坑村。永康胡姓迁入义乌苏溪，分居胡宅、邢宅、后店、鹅毛山脚。永康陈海自棠溪迁居磐安新渥，生三子分居新渥、宅口、岩上，为三村建村之始。兰溪通往建德、寿昌中途建芝堰，古街长里许，店铺连绵。宣平后陶村析出一支至县西山垅，新建陶宅村。畲民蓝子张辗转武义南部山区，留寓一庵之前，取村名庵前。渐成为畲族聚居村落。

清代，福建、江西移民来金华垦荒定居，种靛青和油茶者渐多。东阳韦士吉平定耿精忠之乱后无意仕途，就在东阳下溪滩建村。义乌黄土冈陈姓庄户招金姓入赘，金姓繁衍，建西陈村(西澄)。舒兆贞兄弟三人自福建汀州迁金华山坑南山区垦荒，选陡岩粉壁为墙建房，起名粉岩村(今坟岩村)。福建上杭县迁至金华落户有石道畈安脚村、岭后村，周儒漆树坞、石坞，银溪年坑村、半溪村，外畈辅仓坑，塔石鱼潭、山坑岱上、外大茗、青山庵，莘畈李东坑、和尚廖、枫坞及岭上、黄康、百善、小埠口、邵家源。乾隆年间，义乌吴姓为避东阳江洪水，徙滩地围堰垦殖，建下湾村。田君瑞由上虞迁居金华江牛车埠，因田地势低，村名低田。滩上有集市，又称低田市。南京朱姓为避太平军乱迁浦江与建德交界深山，建田后蓬村，至今村民还讲南京话。太平军入金华到败退，金华人口减少，官府采取措施，使赣、皖、湘、闽及邻近地区移民来婺。福建莆田刘姓居兰溪蜀山，入横溪籍，即今之国庆村。婺城雅畈叶姓来自台州。移民定居后，改村民为福建铺、江西铺、温州铺、台州铺、仙居铺，以不忘祖籍。

2015 年底，全市共有镇 76 个、乡 36 个(含民族乡 1 个)、街道 40 个，村民委员会 4776 个、社区居委会（居民委员会)383 个。

历代名人简介

骆宾王(640—约 684) 字观光，义乌人。曾留蜀中，创作不少雄浑悲壮、慷慨激昂的军旅诗，开唐代边塞诗之先声。作长诗《帝京篇》，一时朝野传诵，誉为绝唱。唐文明元年(684)，与徐敬业等密议起兵反武则天。九月，起草《代徐敬业传檄天下文》，轰动朝野。十一月兵败，徐敬业与骆宾王等被部将杀害。骆宾王与王勃、杨炯、卢照邻以诗文齐名，史称“初唐四杰”。

张志和(约 743—774) 原名龟龄，字子同，号玄真子，金华人。龟龄兄弟三人皆以文名。因献策被唐肃宗赏识，命待诏翰林，赐名志和。后回越州居住，肃宗赐僮婢各一。张志和工诗，以《渔父歌》(一作《渔歌子》)最著名，人称“渔歌体”，创新词坛，影响深远。东传日本，嵯峨天皇读后作《和张志和渔歌子五首》，为日本填词之开山之作。张志和擅书画，《唐朝名画录》将其作鉴为逸品，在神品之上。

贯休(832—912) 俗姓姜，字德隐，又字德远，兰溪人。7 岁出家为僧。天资聪敏，过目不忘，并以诗名。贯休工人物画，笔力坚劲，原存杭州孤山圣因寺罗汉堂的《十六罗汉图》即为贯休所作，是中国古代绘画精品。擅书法，草书尤佳，因其本姓姜，人称“姜体”，与阎立本、怀素齐名。唐天复二年(902)入蜀，蜀王建称为“得得和尚”，赐号禅月大师，并为其修建龙华道场。

宗泽 (1060—1128) 字汝霖，义乌人。为官州、县，勤政爱民，治绩卓著。北宋靖康元年(1126)，金兵入侵，州县官多逃亡。泽年六十八，率军救真定。是年冬，钦宗任康王赵构为兵马大元帅，泽为副帅，大破金军，十三战皆捷。南宋建炎元年(1127)六月，泽以 70 岁高龄，任东京留守，与金兵隔黄河对峙。金人畏惮宗泽，称“宗爷爷”。秉义郎岳飞犯法将斩，泽奇其才，给以 500 骑将功赎罪。飞大败金人，由此知名。宗泽上二十四道疏，力劝高宗还京，以图恢复北方失地，均为奸佞所阻。遂忧愤成疾，临终三呼“渡河！”而逝。

吕祖谦(1137—1181) 字伯恭。先世山东人，后迁居金华。其家学渊源，知识赅博，善取众长，身体力行，成理学大师。

与朱熹、张栻同称为“东南三贤”。南宋淳熙二年(1175),吕祖谦邀朱熹、陆九渊往江西铅山鹅湖寺进行学术讨论,史称“鹅湖之会”。朱熹送其子塾,就学于吕,塾遂入籍金华。吕祖谦晚年,讲学于金华城内丽泽书堂,兼容并包,又多创新,为金华学派之祖,人称“东莱先生”。

陈亮 (1143—1194) 字同甫,号龙川,原名汝能,曾改名同,永康人。曾向宋孝宗呈《中兴五论》,力主抗金。南宋淳熙五年(1178),三次上书朝廷。帝欲授之官,大臣恶其直言而争相诬蔑。后退居乡间,成为永康学派代表人物。南宋绍熙四年(1193)五月,应礼部试,御笔擢第一,状元及第。陈亮曾与朱熹往复辩论,反对朱熹的唯心主义道统论,提出朴素唯物主义观点,反对空谈,讲求实践效果。所作诗词感情激越,风格豪放;所作政论气势纵横,见解独到。

朱丹溪(1281—1358) 原名震亨,字彦修,又称聘君,义乌人。因居所临丹溪,后人称朱丹溪。朱丹溪幼聪慧颖好学,但应乡试未中举,40岁后专心学医。赴江浙各地寻访名师,后求教于杭州名医罗知悌,创立著名的滋阴学说,成为中医学养阴派代表人物。朱丹溪医德高尚,热心公益,与刘完素、张从正、李杲并称“金元四大医家”。其学说传入日本,形成日本汉医中的丹溪学派。

何基 (1188—1269) 字子恭,金华人。师从朱熹婿黄干,一生隐居金华北山,读书讲学,不受官职,人称“北山先生”。何基潜心著述,教授门生不遗余力。对金华学派充实甚多,有“中兴”之誉。何基为文温润和畅,作诗从容闲暇,书字刚劲致密,世称柳法。

王柏 (1197—1274) 字会之,金华人。师从何基,学质实坚苦,善于独立思考,不拘泥于旧说。每遇疑难必求教于何基,常因一事问辩往复至十多次。王柏于《论语》《大学》《中庸》《孟子》《通鉴纲目》诸书,标注点校尤为精密。主讲婺州丽泽书院和台州上蔡书院,后归家讲学,四方学子求学者众。其因材施教,循循善诱,终生诲人不倦。

金履祥(1232—1303) 字吉父,号次农,兰溪人。聪睿好学,凡天文、地形、礼乐、田乘、兵谋、阴阳、律历之书,无不研习深究。师从何基、王柏,一生治学严谨。先后讲学于严州钓台书院、金华丽泽书院、兰溪齐芳书院、重乐精舍、仁山书院和池亭书院,世称“仁山先生”。

许谦(1270—1337) 字益之,号白云山人,金华人。祖父从金华迁东阳。谦从金履祥学习,对天文、地理、典章、制度、食货、刑法、文学、音韵、医经、术数以及释、老,均悉心钻研,得其精义。官府屡荐其出任官职,固辞不就。居八华山讲学,从学之士“远而幽冀齐鲁，近而荆扬吴越”。许谦教书育人深入浅出，因材施教，为人师表，门人弟子见于著录者千余人，各有成就。

宋濂(1310—1381) 字景濂，金华人。初被浦江义门郑氏延请讲学，文章闻名于世。朱元璋攻取婺州，聘宋濂入幕辅佐。后为太子师，总修《元史》。明初诰制朝仪多出其手，礼乐制作多由其裁定。濂谦抑下士，奖引后进，当时文士多出门下。力主义理、事功、文辞三者统一，明道致用，为婺学之集大成者。高丽、安南、日本等国，常出重金购买其文集。辞归后终日闭门著书。后受胡惟庸案株连，降旨特赦，安置茂州。

李渔(1611—1680) 原名仙侣，字谪凡，号天徒，又号湖上笠翁，兰溪人。他擅诗古文词，其作甚敏捷，而率意构思，不尽准于古。掌村族事务，率众筑成“李渔坝”今仍受益。后举家迁居杭州，又移家南京。建芥子园，出刊书籍，卖文谋生，组班演出。戏班影响遍及大江南北，倾动一时。其时妇孺皆知有李笠翁，别称李十郎。李渔一生著作600余万字，以词曲小说为多。《闲情偶寄》中词曲、演习、声容3部是古典戏曲创作、导演、表演方面的第一部理论专著，至今为国内外学术界所重，与莎士比亚并论。李渔之作被译成日文、英文、拉丁文，流行于日本、欧洲。

邵飘萍(1886—1926) 原名新成，又名镜清、振青，字飘萍，学名锡康，笔名阿平、素昧平生等，东阳人。1912年，任《汉民日报》主编、省报界工会干事长。后东渡日本组织东京通讯社，率先向国内报道日本政府对袁世凯提出“二十一条”。1916年，回国担任《申报》《时报》《时事新报》主笔，抨击袁世凯称帝。在北京创办新闻编译社、《京报》，受聘北京大学新闻学研究会导师。五四运动前一天的“五三晚会”在北大发表演说，疾呼“救亡图存，奋起抗争！”遭受通缉再次流亡日本。向国人介绍十月革命，宣传马克思主义。中国共产党成立后，北方新闻界中邵飘萍最早和党组织联系，校订马列译著，发行《纪念马克思特刊》《列宁特刊》，为党组织提供情报。1925年经李大钊、罗章龙介绍加入中国共产党。五卅运动中多次发表署名评论，拒登英日广告，救恤难胞。“三一八”惨案后，直书奉军暴行。1926年被张作霖部杀害。1949年4月，毛泽东批文追认为革命烈士。

何氏三杰 何炳松(1890—1946)、**何德奎**(1896—1983)、**何炳棣**(1917—2012) 三兄弟为金华人。1912年公费选派美国留学。何炳松先后任浙江省视学、北京大学史学系教授，北京高等师范英语部主任、浙江省立第一师范和第一中学校长。1923年，任上海商务印书馆编辑主任、编译所长、编审委员会委员等职。1935年，任国立暨南大学校长，暨大时有"东南民主堡垒"之称。1946年5月，调任国立英士大学校长。何炳松精研史学，著作甚丰。史学界评价何炳松，以中国史学传统与西方史学相互印证，融汇古今，学贯中西，对浙东学派的探源有独特见解。何德奎抗战胜利后，任上海市副市长、秘书长。1947年，任广东省政府顾问，1949年辞职。后赴中国香港以及巴西、美国、加拿大，任职于教育界。1950年，回香港创办香港苏浙公学。何炳棣为历史学界泰斗，著作弘富。是美国亚洲研究学会的首位亚裔会长。1979年获选为美国艺文及科学院院士，1997年获选为中国社会科学院荣誉高级研究员。

陈望道(1891—1977) 原名明融，义乌人。1915年赴日本留学。1919年5月，任教于浙江省立第一师范学校。是年底回义乌分水塘故里翻译《共产党宣言》。次年8月，中国第一部《共产党宣言》中文全译本在上海出版。之后，陈望道编辑《新青年》杂志，参加上海共产主义小组，筹建中国社会主义青年团，筹备中国共产党第一次代表大会。中共一大后，任中共上海地方委员会书记，参加工人运动，组织纺织、印刷、邮务等工会，到沪西开办夜校、女校。1932年，完成中国第一部系统的修辞学著作《修辞学发凡》。中华人民共和国成立后，历任华东军政委员会副主任、华东高教局局长、复旦大学校长，中国科学院哲学社会科学部委员，全国人大代表、全国政协常委会委员，民盟中央副主席、民盟上海市主任委员，《辞海》总编辑。1957年，重新加入中国共产党。

施复亮(1899—1970) 原名存统，又名方国昌、分亮，金华人。学生时代发表《非孝》一文，引发社会轰动。编辑出版浙江省最早传播马克思主义的刊物《浙江新潮》。施存统是早期的上海共产主义小组成员，参加了中国共产党的创建工作。不久，施存统赴日本筹建东京共产主义小组。因周佛海多年未回国，施存统让周佛海为中共一大代表回国参加会议。1922年1月，施存统从日本回国，担任青年团的临时中央局兼上海团的负责人。5月，在广州召开的中国社会主义青年团第一次代表大会，选举施存统为团中央执行委员会委员。在随后举行的青年团中央执行委员会第一次会议上，推选施存统为书记，在上海负责团中央的日常工作。在广州中山大学、黄埔军校、农民运动讲习所任教。后去汉口中央军事政治学校任教官、政治部主任。九一八事变后，积极投入抗日救亡工作，是文化界救国会重要领导人之一。抗战胜利后，发起组建民主建国会。后代表民主建国会到解放区参加新政治协商会议筹备工作。中华人民共和国成立后，任劳动部第一副部长，第一、二、三届全国人民代表大会常务委员会委员，全国政治协商会议常务委员，民主建国会中央委员会副主任委员。

曹聚仁(1900—1972) 字挺岫，号听涛，原籍浦江(今属兰溪市)人。1918年，与夏衍等合办《浙江新潮》。1921年至1925年，将章太炎国学讲演整理成《国学概论》，成为中国文学史入门教材，重版32次，由此一举成名。在上海艺专、艺大等任客座教授，结识于右任、陈独秀、柳亚子等一批名人。1925年任暨南大学教授。1931年，创办《涛声》半月刊，与鲁迅交往甚密。抗日战争全面爆发后，独家采访上海四行仓库保卫战60天，首发《台儿庄大捷》新闻，轰动海内外。最先报道皖南事变，先后会见叶挺、陈毅、周恩来等，高度评价八路军、新四军。1950年移居香港。1956年起，曹聚仁开始为两岸和平统一奔波，得到毛泽东、周恩来、陈毅以及蒋介石、蒋经国等国共要人的重视。1972年7月23日在澳门逝世，周恩来总理称他为“爱国人士”，并为其亲拟墓碑碑文。

严济慈(1901—1996) 字慕光，东阳人。早年获法国巴黎大学硕士学位、法国国家科学博士学位，在法国巴黎大学光学研究所和法国科学院大电磁铁实验室从事研究。后回国任北平研究院物理研究所研究员、所长兼镭学研究所所长。抗日战争时期，严济慈在昆明领导开展应用光学研究，研制成大批军用、医用光学仪器设备，授予胜利勋章。1935～1938年，当选为法国物理学会理事。1948年，当选为中国物理学会理事长。1949年始，历任中国科学院办公厅主任兼应用物理研究所所长，全国人大三、四、五届常委会委员，六、七届常委会副委员长，九三学社中央副主席、名誉主席。严济慈是中国现代物理学研究开创人之一，在压电晶体学、光谱学、大气物理学和应用光学等方面做出重要贡献。

冯雪峰(1903—1976) 原名富春，笔名雪峰等，义乌人。1921年秋，与柔石等人参加朱自清、叶圣陶指导的晨光社，又与潘漠华等结成潮畔诗社。1925年，赴北京大学研究和翻译马克思主义文艺理论。后任中国左翼作家联盟党团书记、中共上海中央局文化工作委员会书记、江苏省委宣传部部长等职。1933年，任中共中央党校教务处长、副校长，当选中华苏维埃政府中央执行委员会候补委员。次年，参加长征。1936年，以中央特派员身份，从陕北到上海开展工作。1937年12月，创作反映红军长征的长篇小说

《卢代之死》。中华人民共和国建立后，历任华东军政务委员会委员、上海市人民政府委员，《文艺报》主编、鲁迅著作编刊社社长兼总编辑、人民文学出版社社长兼总编辑、中国作家协会副主席、全国政协委员等职，长常撰写文学评论，一生著作甚丰。

吴晗(1909—1969) 原名春晗，字辰伯，笔名西生等，义乌人。1931 年考入清华大学历史系，专攻明史。曾担任《大公报》副刊《史学》编辑，后任教云南大学、西南联合大学。1943 年，参加中国民主政团同盟(后改名中国民主同盟)，任民盟中央执委兼青年运动委员会委员，积极参加昆明爱国民主运动。1949 年 9 月，参加中国人民政治协商会议，当选政协全国委员会委员。中华人民共和国成立后，历任北京市副市长，第二、三届全国政协常委会委员，第一、二、三届全国人民代表，北京市政协副主席，民主同盟北京市主任委员会等职。曾主编多套丛书，普及历史知识，业绩显著。1965 年，吴晗创作的新编历史剧《海瑞罢官》遭受批判。“文化大革命”开始，又与邓拓、廖沫沙一起被诬指为“三家村黑帮”，受残酷迫害。1969 年 10 月 11 日，含冤自杀。1979 年 7 月，平反昭雪。

艾青(1910—1996) 原名蒋正涵，号海澄，金华人。1928 年，考入杭州西湖艺术学院绘画系，后赴法国巴黎勤工俭学。回国加入左翼美术家联盟。先后出版《大堰河》等诗歌集，发表理论文章。1941 年，受周恩来帮助，自重庆赴延安，当选为陕甘宁边区参议员、文艺界抗敌协会延安分会理事，创办《诗刊》，参加延安文艺座谈会。两次受到毛泽东的单独接见。1949 年北京解放，艾青参加新政协的筹备工作，任国旗、国徽图案审评组组长。1953 年，当选为全国文联委员、作协常务理事、美协理事。先后担任全国政协委员、文联委员、全国人大常委、《人民文学》副主编、《诗刊》编委、中国作协副主席等职。艾青是中国现代主义诗人的杰作代表，被誉为诗坛泰斗。

施光南(1940—1990) 金华人，其父施复亮(存统)。施光南 1959 年 9 月任天津音乐学院附中教师并在作曲系带职学习，1964 年 7 月到天津歌剧院工作，1977 年调入中央乐团。施光南在创作实践中，逐步形成了具有时代特点又特色鲜明的艺术风格。他创作的歌曲在人民群众中广为传唱，在国内外产生重大影响。施光南是中共十三大代表，曾任中国全国青年联合会主席副主席、中国音乐家协会副主席等职，是中国著名作曲家。

辛亥革命在金华

光绪二十年(1894),浙江维新派代表汤寿潜辞去官职,受聘到金华丽正书院任山长(院长)。他的行世名著《危言》,体现了其改良主义思想:主张经世致用,醒世拯民;反对闭关自守,痛斥崇洋媚外,主张洋为中用,实业救国。这对在丽正书院学习的金华反清反帝的启蒙先驱蒋乐山和民主革命斗士张恭产生较深影响。

兰溪人蒋乐山结识康有为、章炳麟、蔡元培、秋瑾等人,赞成变法维新,参加光复会,主张武装起义。他在丽正书院与金华城区的张恭成为忘年交。张恭在丽正书院受"夷夏之辨"的教育和改良主义维新思潮的影响,萌发了反清反帝思想。他筹建反清队伍,组织以赈饥为目的的"积谷会",并扩大成"千人会",后又加入"终南会",并把它改组为"龙华会"。结识陶成章、秋瑾等革命党人后,张恭把龙华会引上了资产阶级民主革命的道路。

张恭聚集具有民主革命思想的知识分子如金兆銮、刘焜等,创办《萃新报》,公开宣传资产阶级政治经济主张,普及科学知识;创办近代工业性质的"八婺公社",筹建"处(州)金(华)衢(州)严(州)四府调会",对府情、县情进行分门别类的调查研究。组织起婺剧"张恭大班"和"张恭小班",多演亡宋亡明故事,激发群众的民族意识。着手培养军事骨干,准备武装起义。沈荣卿在永康组织"百子会",进行反清活动,继而结交会党,西联处州双龙会,东联东阳(现磐安)大开和尚。

1901年5月,沈荣卿、周华昌和张恭在金华关王殿成立龙华会。会众推举沈荣卿为正会主,张恭、周华昌副之。龙华会组织严密,金华八县都有分部,设红旗管理其事,并用五言八句作为字号,一县一句,中间一字为总红旗的代号,管理全县会务,余四字为东南西北四区散红旗,分头理事。基层组织头目叫"草鞋",管十数人、数十人不等。金华龙华会的誓词是:"驱除鞑虏,万死不辞。若萌异心,神人共殛!"金华县总红旗徐顺达、义乌县总红旗吴琳谦是秋瑾三次往返绍兴金华的保镖。

龙华会遍布金、衢两府各县与台州、处州、温州、绍兴等府部分县城,党徒号称五万,实则两万数千人,成为秋瑾浙江

张恭在金华创办的进步报刊《萃新报》

起义的主力。

1907年，徐锡麟、秋瑾决定发动皖浙起义，徐主安徽，瑾主浙江。秋瑾于三四月间与张恭、王金发等会党首领改约束，颁号令。负责四县军事总指挥、金华县红旗、党军参谋的徐顺达在起义前夕与人争田产而被捕入狱。代理其事的党军交通部长倪金泄露了起义计划，被金华知府嵩连逮捕，5月24日与徐顺达同时殉难。起义失败，一批革命党人惨遭杀害。

清政府悬赏白银一千两缉捕张恭。张恭潜至宣平山中，从青田经温州潜至上海，以火烫菜油敷面毁容成麻脸避至日本。沈荣卿避地台州，龙华会永康县红旗吕阿荣殉难。东阳会党七月再举义旗，至年底失败，大开和尚被害。

辛亥首义后，各省纷纷宣布独立。在金华，龙华会的余部动员清朝的府县官员自动离开。1911年11月6日，金华军政分府成立，朱惠卿(郁荃)为分府长(后改称临时都督)，张恭为民团长。

金华新民主主义革命概述

1919年,以省立七中和第七师范师生为代表的金华各界群众,响应五四运动进行宣传和示威游行。传播马克思主义的新文化运动在金华兴起。1925年秋,浙江省立第七中学成立金华地区第一个中共地方党组织金华支部。1926年7月,改为中共金华独立支部,隶属上海区委。8月成立中共武义县支部。12月,北伐军由江西抵达金华,金华独立支部组织金华各界在五百滩举行万人欢迎大会,继而掀起反帝驱洋斗争。1926年至1927年,杭州地委和国民党省党部的中国党团组织,先后派干部到兰溪、永康、东阳各县建立中共地方党组织。

1927年1月,北伐军与孙传芳部在兰溪、龙游、汤溪毗邻区激战。金华独立支部组织战地服务团配合北伐军。四一二反革命政变后,金华地区各县出现反共逆流,共产党员受通缉,有的被捕并被杀害。8月,金华、兰溪中共组织遭破坏。面对白色恐怖,中共金属地区各级组织减租减息、武装暴动等形式奋起斗争。1928年,在兰溪女埠成立浙西特别委员会,领导22县工作。12月浙西特委撤销。1929—1933年,先后建立兰溪、东阳、永康中心县委。1930年,永康中心县委在三十四坑建立永康第一个苏维埃政权。7月,建立中国工农红军第十三军第三团。武义县委组建浙武红军游击队、宣平县委组建红十三军浙西第三纵队。1935年3月至1937年夏,中国工农红军挺进师在金华地区开展游击斗争,先后建立中共浙东特别委员会和中共宣(平)遂(昌)汤(溪)工委。

1937年12月24日,浙江省会杭州沦陷。沦陷前夕,国民党浙江省党、政、军、宪机关由杭州迁至金华和永康方岩。中共浙江省临时工作委员会也迁至金华,武汉、上海、无锡、嘉兴等地的抗日救亡团体和文化团体及大批进步文化工作者汇集金华。金华成为浙江的政治、军事、文化中心。1937年冬至1938年春建立了东阳、金华2个县工委和永康临工委、义乌特支。1938年5月,中共浙江临时省委决定,建立中共金(华)衢(州)特委,领导19个县党的工作。1939年3月,中共中央军委副主席周恩来以国民政府军事委员会政治部副部长的身份亲临金华视察浙江抗战，在金华秘密召开东南局和闽、浙、赣三省党的负责人会议，传达中共中央六届六中全会精神。1939年2月，李友邦在金华成立台湾义勇队，组织台湾同胞开展抗战工作。1940年7月，中共浙江省委为了适应斗争形势，加强衢属地区的领导，将金衢特委分设为金属特委和衢属工委。金属特委领导兰溪中心县委，义乌、金华、永康、东阳、浦江5个县委及建德县工委、建(德)桐(庐)浦(江)富(阳)特派员。1941年10月，中共浙江省委遵照中共中央关于“隐蔽精干，长期埋伏，积蓄力量，以待时机”的方针，决定将金属特委及其所属各县委改为特派员制，实行单线领导。1942年2月，中共浙江省委机关遭破坏，金华地区党组织一度与上级组织失去联系。5月，日本侵略军发动浙赣战役，中共金属地区特派员在义乌柳村召开义乌、浦江2县特派员、联络员会议，决定以义乌西乡、金华东乡为中心组织抗日武装，开展抗日斗争。中共义乌县委、中共义(乌)东北工委分别成立抗日武装第八大队和坚勇大队，与日伪顽进行针锋相对的斗争，创立了金(华)义(乌)浦(江)和诸(暨)义(乌)东(阳)两块抗日根据地。1943年12

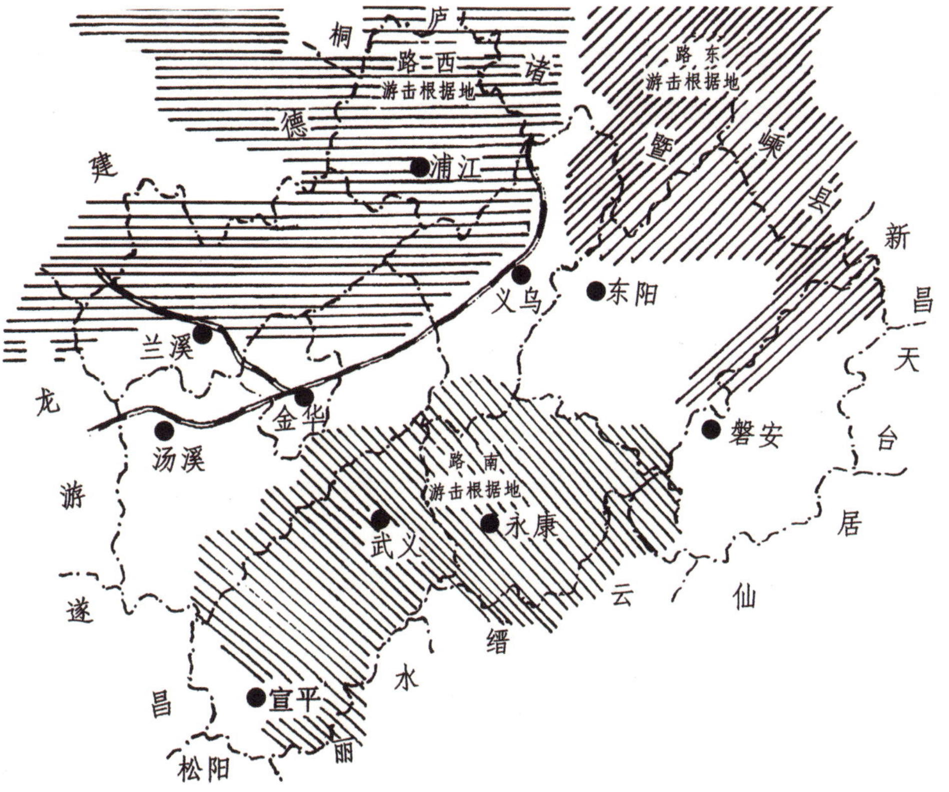

金萧(路西)、路南、路东(会稽)游击根据地示意图(1949.4)

月，浙东区党委决定将会稽地区和金属地区合并，成立中共金萧地委和金萧支队。至1945年9月北撤前夕，金萧地委领导金义浦、诸义东、路西、诸北、嵊西5个县委和永(康)武(义)、金华山、兰(溪)建(德)浦(江)3个工委及兰溪县特派员；成立会稽地区特派员办公处，辖金(华)义(乌)浦(江)兰(溪)、诸(暨)义(乌)东(阳)、诸暨3个办事处和路西县政府。

1945年9月下旬，浙东游击纵队和地方党政军人员北撤，浙东区党委任命马青为中共金萧地区特派员，坚持金萧地区斗争。金萧地区特派员领导中共金华地区临工委，诸北、路西、诸义东、金义浦、嵊西党的特派员的工作。国民党军趁新四军北撤之机，调集部队进行军事"清剿"。坚持金萧原地斗争的人员被迫针锋相对开展反"清剿"，发动群众重建革命武装，开展游击战争。1946年9月，建立了金华地区武工队。1947年2月，建立了路西人民救国先锋队。7月，建立浙江壮丁抗暴自救军第三总队。同时，成立了会稽山人民抗暴游击司令部。1948年2月，中共浙东临委决定将金萧地区以浙赣铁路为界，划分为路东（亦称会稽）、路西（金萧）、路南3个地区。路西地区于1947年7月成立中共路西工委，后改为金萧工委，建立了浙东人民解放军金萧游击队，成立了浙东行政公署第三行政督察专员公署。路南地区由浙东临委任命了路南地区党的特派员，创建了浙东人民解放军第六支队，成立了路南军分区司令部，建立了浙东行政公署第五行政区专员公署。路东地区在诸暨、义乌、东阳3县结合部建立了中共诸(暨)义(乌)东(阳)县工委和办事处，以及东(阳)磐(安)特派员和办事处。金萧、路南、路东3个地区在金华地域内都分别创建了游击根据地，开展武装斗争，策反国民党军政人员起义，沉重地打击了国民党的统治。路西（金萧）地区的武装还多次外线出击，1949年1月西征至安徽绩溪，与皖浙总队胜利会师，打通了与皖南的联系。解放战争后期，党领导的学生爱国民主运动在金华不断发展，统战策反工作足有成效。

从1925年第一个金华党组织建立起到1949年5月金华解放，有1000多名革命先烈牺牲在金华这块热土上。金华解放，为金华开展社会主义建设，为金华的社会和经济发展，奠定了必要的基础。从此，金华人民在中国共产党的领导下，进入建设富强、民主、文明的社会主义新金华的崭新时代。

毛泽东与金华

毛泽东在双龙水电站职工宿舍阅读《金华日报》

1959年8月21日中午，毛泽东的专列停靠在金华火车站第三站台。毛泽东结束了在江西上饶举行的一个小型座谈会后，到金华召集地县负责人进行座谈，了解庐山会议和党的八届八中全会之后的基层情况。晚饭后，时任金华地区专员梁长庚、金华地委副书记沈芸、金华县委书记李子正、兰溪县委书记王新三、永康县委书记马蕴生在专列上参加座谈会。毛泽东向大家了解农业生产情况和市场供应情况，询问了右倾问题，要求地方领导“为官一任，造福一方”。

1960年3月14日，毛泽东到双龙水电站视察。路上，毛泽东走到田间仔细地观看油菜花、麦苗，还俯身察看紫云英

毛泽东在金华农村察看农作物生长情况

的生长情况。途经驻军某部营房时，主席问了部队的情况。地委书记李学智在车上向毛泽东汇报金华地区的情况。在双龙水电站，毛泽东仔细观察着发电情况并询问值班工人设备制造和运转情况。到工人宿舍，毛泽东随手拿起放在边上的《金华日报》仔细翻看。随后毛泽东到驻金某部炮兵连驻地察看战士们的生活情况，进行了亲切交谈。

1963年10月28日，毛泽东在南下视察征求对《关于农村社会主义教育运动中一些具体政策的规定（草案）》的意见途中，专列停靠在金华601专线宿营。第二天上午，毛泽东下车视察当地环境和农作物生长情况后，专车驶离金华。

毛泽东曾两次对与金华有关的人和事作过批示。第一次是1955年9月，毛泽东在《中国农村的社会主义高潮》(中册)一书中，对兰溪县上华高级农业生产合作社《这里养了一大批毛猪》一文作了批示。批示说："养猪是关系肥料、肉食和出口换取外汇的大问题，一切合作社都要将养猪一事放在自己的计划内，当然省、专、县、区都应有自己的计划。猪的饲料是容易解决的，某些青草、某些树叶、番薯藤叶和番薯都是饲料，不一定要精料，尤其不一定要用很多的精料！除了合作社公养以外，每个农家都要劝他们养一口至几口猪，分作几年达到这个目的。某些少数民族禁止养猪的和某些个别家庭因为宗教习惯不愿养猪的，当然不在此内。发展养猪事业要有一套奖励办法，浙江省上华合作社的经验可供各地参考。”

第二次批示是在1963年5月9日。那天，毛泽东看了《浙江省干部参加集体劳动的七个好材料》后十分高兴，特意写了批语转发全党。在这个材料中，金华汤溪的陈双田列七个干部之先。当时，陈双田是汤溪村支部书记，身兼数职，经常外出开会，但他坚持抽空和社员一起下田劳动，每年实做工分在1500分以上。在他的影响下，7个支部委员中有5人每年实做工分在3500分以上，与一个强劳力的全年投工量相等。

毛泽东与金华人有缘。金华的邵飘萍和陈望道两人对毛泽东树立马克思主义的信仰、成为马克思主义者产生过积极的影响，起到了重要的作用。毛泽东在回忆他五四运动前在新闻研究会这段经历时曾说：“特别是邵飘萍，对我帮助很大。他是新闻学会的讲师，是一个自由主义者，一个具有热烈理想和优良品质的人。”1949年4月，毛泽东批示追认邵飘萍为革命烈士。陈望道翻译的《共产党宣言》，为中国先进分子接受马克思主义创造了重要条件。毛泽东曾说过：“在我第二次赴京期间，读了很多有关俄国情况的报道，并热心地搜寻当时为数不多的有关共产主义的中文文献。有三本书对我的影响尤其深刻，使我树立起对马克思主义的信仰，一旦接受了它，把它视为对历史的正确阐释，我就再也没有动摇。这三本书是陈望道翻译的《共产党宣言》，这是一本译成中文的马克思著作；考茨基的《阶级斗争》；柯卡普的《社会主义史》。”

感动中国人物

王选 自1995年始，王选放弃在日本执教工作，走上对侵华日军诉讼索赔之路。作为侵华日军细菌战中国受害者诉讼原告团团长，常年奔波于中日之间，在国内受害各地征集侵华日军细菌战罪行的证据。为了向世人揭露侵华日军细菌战罪行，王选从中国到日本、美国、加拿大、英国，举办展览，作演讲，开研讨会，争取国际舆论的支持。获中央电视台“感动中国2002年度人物”称号。

孟祥斌 中国人民解放军驻金华某部副连职机要参谋，中尉军衔。2007年11月30日，孟祥斌带着妻子和女儿到金华市区购物。在经过通济桥时，一名轻生女青年从10多米高的桥上跳下，孟祥斌一边冲向桥边，一边脱掉身上的衣服，跳水救人。10分钟后，前来救援的摩托艇渐渐靠近他们，孟祥斌用尽最后一丝力气将女青年托出水面，交到救援人员的手中，自己却沉入水中，不幸罹难。年轻军人舍己救人，获中央电视台“感动中国2007年度人物”称号。

孙炎明 东阳市看守所监管民警。孙炎明立足本职，恪尽职守，教育挽救了一批失足人员。2004年被查出患脑癌，6年3次手术，与死神擦肩而过。但是他始终保持快乐向上的心态，与病魔抗争，并坚持战斗在公安基层一线。获中央电视台“感动中国2010年度人物”称号。

陈斌强 磐安县冷水镇中心学校初中语文教师。9岁时父亲车祸去世，母亲独自抚养3个孩子长大。2007年，母亲得了老年痴呆症，丧失日常生活能力。为了能每天亲自照顾母亲，他每天用一根布条把母亲绑在自己身上，骑着电动车行驶30千米去学校上班。一连5年，风雨无阻带着母亲上班。获中央电视台“感动中国2012年度人物”称号。

金华概览

崛起之路

传统农业工具

金华境内出土的新石器时期农具有石锄、石斧、石镞等。先秦时期，铜铁制农具开始应用于农业生产。宋以后，曲辕犁、水田耙、耖以及水车应用日广，粮食加工器具广为流传。明清时期，传入油车、纺织机、制糖牛车，各种农具日渐齐全，农业生产效率得以提高。

金华境内传统的耕作农具以犁为主，以牛力或人力牵行翻耕。每头牛日耕田约0.2公顷。此外，还有耙、耖、锄头、锨、田刮等传统耕作农具。传统的农作物收获农具有镰刀，一般收割水稻；有无齿茅刀(草刀)，可收割麦类、油菜、豆类或者青草等。脱粒农具则有稻桶、稻枥和稻簟。稻桶，用于稻谷脱粒。大小麦脱粒，则用人力在石板上进行反复甩打。油菜籽和豆类脱粒，用木或者竹制的连枷进行拍击，使豆荚、菜籽荚破裂而脱出籽粒。

谷物的干燥大多在篾席、竹匾上晾晒，用木耙、推谷板和竹扫帚等翻晒。清选谷物用木制风车，1980年起，风车车体改用铁皮。加工粮食的器具有捣臼、踏碓、石臼、石磨、石碾等。传统灌溉机具以戽斗和水车为主。戽斗形如畚斗，旧时畚水灌田。水车，又称龙骨水车，木制，有人力、畜力、水力三种。人力水车又有脚踏、手摇之分，脚踏水车一般由2～6人脚踏为动力提水。

民国时期，农民用毛竹筒装雷公藤粉，敲打竹筒，粉从小孔中撒出，用于治虫；在粪桶的水中兑药液，泼洒治虫。

1953年，对传统农具进行改良。金华乾西乡用华东水田犁耕作，因犁重价高未能推广。是年，开始推广单管式喷雾器。1955—1958年，曾先后两次推广使用双轮双铧犁，终因牛力弱、田块小，未能推广。1960年后，逐步推广背负式人工喷雾器喷洒农药。1981年后，背负式喷雾器迅速推广。1989年，全市拥有背负式喷雾器49.67万架。2003年，背负式喷雾器基本普及到户，为主要的植保器具。

1949年前土地开发利用

春秋战国时期，金华境内于越族“随陵陆而耕种”。楚灭越国，部分越国人南迁至金华江一带的低山区，低丘缓坡随之开发。秦代实行郡县制，强制中原人、越人迁至浙西山区，低丘缓坡得到进一步开发。东汉，卢坂侯卢文台率部屯垦婺州南部括苍辅苍山，即今金华白沙溪沿岸，开发其下游的大片低丘红壤。三国时，吴孙权在境内屯田。汉唐以来，统治者鼓励垦田，以垦田多少作为考核地方官员政绩优劣标准。境内相继建立东阳都督堰、永康高堰、武义仓部堰、长安堰等工程，灌溉面积均在万亩以上。五代时，吴越国相对安定，定居者日多，丘垅开发日盛。北宋时期，诏令两浙游民来婺州开发耕种土地，实行准免租、征、役五年的举措。建造蓄水工程，开辟梯田，种植单季稻、粟、麦等旱粮，茶园面积也有所扩大。南宋时期随着北方难民大量涌入，无地农民择地垦荒，垦殖方向逐步移向低丘矮山，修建一大批小型山塘灌溉蓄水工程。元朝，江南夏税征收木棉，金华境内旱地垦殖木棉者日众。明朝，朱元璋鼓励垦荒种植，金华境内的低丘红壤开发转向山地。引进玉米、番薯等高产旱粮作物，加快了开发速度。明成化八年(1472)至清康熙六年(1667)，以丘陵地改田约9万亩。清咸丰年间，为恢复金华地方税收，允许外地移民来金华垦荒。温州、台州、处州（今丽水）和安徽等地农民纷纷前来垦荒，陡坡滥垦现象极为严重，以致“土松石出，每逢大雨，山石随势下坍，溪间填淤”。其时，因“滥垦—广种薄收—抛荒—易地火烧滥垦”以求生计的耕作方式留下大量荒地。

民国初年，金华境内连片土地一度荒芜。1920年，仅兰溪嵩山区溪里源村就有荒地694亩。至1929年，垦种仅470亩。1938年，浙江省政府颁布《浙江省战时开垦荒地暂行办法》，各县大力拓荒复垦。垦殖丘陵，在低丘红壤区域建立小型苗圃、私营垦殖场和农场，荒山、荒地得到进一步开发。1943年，东阳86户农户先后组建5个私营垦殖场，当年开荒5000亩，至1945年，计开荒2万亩。1947年，武义县共垦荒山、荒地2145亩。

1949年后土地综合开发利用

中华人民共和国成立后，金华低丘缓坡开发由零星开垦、单一利用，发展到成片开发、综合利用。1952年起相继建立国营农垦场，陆续兴建小型水库。1958年起实行开发低丘红壤即可免征农业税等优惠政策，鼓励社、队统一组织开发利用。1960—1962年，金华5805个单位进行低产田改造试验，省农科院在石门建立红壤试验站，进行综合研究。1962年出现水土流失加剧，地委、专署提出“全面规划、综合治理”“治山治水与改土结合”方针，绿化造林。1973年，省委要求金华扩大低丘红壤开发，建立省第二个商品粮基地，成效显著。

20世纪80年代，国家、省科研机构和有关部门科学论证金衢盆地土壤资源利用问题。1985年11月，金华市委召开经济、技术、社会发展战略讨论会，把低丘红壤开发列入战略规划。1988年全市第二次土壤资源普查，红壤面积34.94万公顷，占全境土壤总面积34.62%，遍布各乡镇。是年，国务院设立农业发展基金(后改为农业综合开发基金)，在全国实施大规模的农业综合开发，金衢盆地低丘红壤开发列入其中。1990年7月，省长办公会议将金华列入“利用世界银行贷款进行红壤地区农业综合开发(二期)项目区”。1992年，金华市红壤小流域开发治理成为国家子项目。全市7个县(市、区)13个小流域，总面积4820.9公顷列入世界银行小流域开发项目。全市小流域开发项目实际利用外资354.96万特别提款权(SDR)。9月，省农业厅和各县(市、区)政府签订《关于利用世界银行贷款实施红壤开发项目的转贷和执行协议》，世界银行贷款项目正式实施。至2001年，全市新开梯田1276公顷，完成低产田改造1375公顷，完成水土保持面积2748公顷。在实施过程中，按照中国红壤开发技术标准改造传统农业各实施点，有效增加植被覆盖率，实现水土保持，生态环境大为改观，改善环境卫生，促进红壤小流域可持续利用。2001年，世界银行组织专家验收，对项目实施结果评价为：业绩成果为满意，可持续性为非常可能，对制度发展给予积极的影响的评价为显著。

2011年12月，国土资源部批复金

华市列入国土资源部低丘缓坡综合开发利用试点，给予5.4万亩低丘缓坡综合开发规模。

2012年初，金华市抓住低丘缓坡综合开发利用试点的机遇，决定在金华市区和义乌之间规划建设305平方千米的金义都市新区，贯彻落实省委、省政府打造全省第四大都市区的战略决策。国土资源部给予土地指标，金义都市新区占70%。完成征地3.66万亩，完成农转用报批3.35万亩。成立金义都市新区低丘缓坡综合开发有限公司，购买和借用调剂占补平衡指标7646亩，累计支付占补平衡调剂款11.5亿元。

2015年，实施“812”土地整治工程。全市垦造耕地项目123个，新增耕地14440亩，建立土地整治专家库。全市供应国有建设用地696宗，面积2.4万亩，合同出让金93.32亿元。其中，工业用地196宗，面积0.48万亩，合同出让金13.63亿元；经营性用地304宗，面积0.296万亩，合同出让金78.23亿元。全市完成城镇低效用地再开发面积1726亩。积极推进不动产统一登记工作。义乌市作为全省不动产统一登记改革试点，于2015年6月26日率先制发全市第一本统一登记的不动产证书。市本级和其他7个县(市)均已出台不动产职责整合方案。

金义都市新区建设

杂交水稻的推广

1975年，省农科院引进少量杂交水稻，在金华农试站、东阳夏程里大队和义乌大陈公社小面积试种。1976年，金华各县开始进行杂交水稻制种和不育系繁种。制种由县良种场、农科所、农场或委托公社农科队进行。不育系繁殖选择有条件的良种场或农科所承担，并赴海南岛繁殖不育系种子。是年，全区试种杂交水稻53.7公顷，涌现一批亩产超千斤高产地块。杂交水稻根系发达、分蘖力强、穗大粒多等优势初步显现。但地区春繁不育系21.3公顷，平均单产不到450千克/公顷，制种尚有待改进。1977年，提出“三年试种四年推广”规划，在多点试种、零星试种基础上扩大到社社试种、成片试种，并提出一系列技术措施。是年，涌现一批高产典型。金华县农科所完成“杂交稻亲本改良提纯复壮法”，对优汕6号组合亲本进行提纯复壮。1978年，地区农办召开春耕备耕会议，提出建立一批“千亩畈”“万亩方”试种计划。并抽调科技人员集中湖镇原种场，组成“提高不育系种子纯度质量协作组”，开展杂交水稻三系提纯复壮工作。是年10月，农业部专家伍先知等专程考察金华、武义杂交水稻试种情况，表示：“湖南是杂交水稻故乡，但没有你们种得好。看了你们生产现场，感到杂交水稻大有希望。”

1980年，金华生产出第一批三系原种，并受邀出席全国三系提纯复壮经验交流会。是年，全区春季繁种6.67公顷，平均单产541.5千克/公顷，夏季繁种45.33公顷，平均单产717千克/公顷。1983年，根据“省提、地繁、县制”要求，石门农场代繁不育系10.33公顷(占全区25.3%)，并把春季繁种改为夏季繁种。石门农场被省农业厅确定为国家杂交稻种子繁育基地。1983—1984年，金华不育系种子连续两年参加全国三系亲本种子鉴定，纯度均达99.98%以上。1986年，市种子公司在石门农场、金华农校等地建立不育系繁殖基地，统一繁种、统一经营。繁种单产提高到1500~1875千克/公顷。1989年，金华市被农业部列为全国杂交稻制种四个基地之一。

进入21世纪以来，金华市以常规早籼稻、杂交稻品种选育为重点，建立袁隆平院士工作站，承担浙江省国家水稻产业技术体系综合试验站、浙江省水稻区域试验站任务。市农科院运用细胞工程、基因工程等技术，实施超级稻等重点研发项目，参与袁隆平院士领衔的国家863项目“强优势水稻杂交种的创制与应用”、第五期超级稻攻关（总理基金项目）。金华研发的常规早籼稻“金早47”连续11年位居浙江早稻栽培面积首位，累计推广面积500多万亩。

袁隆平院士在金华农科院水稻示范基地考察指导

土地流转的发展

20世纪八九十年代家庭联产承包责任制的全面推行，极大调动农民种粮积极性。但随着第二、第三产业的快速发展以及由此带来的农村劳动力大规模转移，农村出现了较大面积耕地抛荒现象。同时，由于土地分割过于零碎，千家万户的小生产和千变万化的大市场之间的矛盾严重制约了农业产业化、规模化进程，制约了现代农业的发展。金华一些地方按照自愿、依法、有偿原则，尝试进行土地经营权流转。一开始只是农民群众的自发行为，只在民间私下进行，后来发展得如火如荼。

20世纪90年代中期，义乌市下骆宅镇下骆宅村共432户1365人，耕地面积648亩。全村60%农户从事经商办厂甚至跨省跨国经营，这部分人不再从事土地耕种，出现大面积抛荒现象。该村经过一段时间摸索，推出“留包转耕”的办法，就是在保留农户土地承包权不变的前提下，实行土地集中流动转包。根据农户意愿，全村分成愿意种田和不愿意种田两大类，对愿意种田的继续保留承包田，落实国家粮食任务和集体提留；对不愿意种田的，农户在取得土地承包权后，实际耕作权交由村委会集中统一转包给种粮大户，其国家任务、集体提留由村委会负责向接包的种粮大户收缴。

“留包转耕”受到了下骆宅村村民的普遍欢迎。义乌市委、市政府予以高度关注，不久在全市推广。2007年，义乌市委、市政府出台了《关于加快推进农村土地承包经营权流转的若干意见》，决定从2008年起，市财政连续3年每年拨出1000万元资金专项用于土地流转补助和奖励。致辞，义乌土地流转以自发为主转向政府引导并与自发并重、从零星短期流转转向成片长期流转，流转行为也逐步走向规范化。

20世纪80年代中期，金华就从实际出发，引导农户实行土地流转。至1984年底，金华地区约有2万户农户因从事第二、第三产业而转让耕地经营权1.74万亩。随着形势的发展，各级政府因势利导，不断加大对土地流转的政策引导和工作指导力度，农村土地经营权流转呈现加快之势。2005年，全市通过各种形式流转的土地为24.76万亩；至

2007年底，全市土地流转面积达32.28万亩，占耕地总面积的14.6%。2008年1—6月，又新增2.20万亩，全市流转土地总面积达34.48万亩。

土地流转不仅有效高速地解决了弃耕、抛荒问题，也有效地提高了农业专业化水平，提高了土地有效利用，促进了现代农业的发展。全市土地流转形成10亩以上的家庭农场或专业大户5746个，以工商企业形式经营农业的单位231个，以农民专业合作社形式经营农业的单位300多个。这些经营主体通过建立规模化产业基地，引进新品种、新技术，实现规模化、集约化经营，有效地增加了农产品销售收入，提高了农业的生产效益。

2013年，全市各县、乡两级全面建立农村土地承包经营权流转服务中心，2874个村建立农村土地流转服务站或配备土地流转服务信息员，研发完成了市本级土地流转信息化管理系统，全市家庭承包耕地流转累计面积达91.5万亩。在集体林权流转方面，永康、磐安、浦江等县市出台了《关于进一步深化集体林权制度改革的若干意见》等文件，鼓励连片规模开发、长期开发，分别给予流入者、流出者100元/亩左右的林地流转资金奖励，全市林地已实现流转33930亩。在林地股份制改革试点方面，兰溪、浦江等县市组建林地股份合作社，合理设置股份数量，确定参股农户，选举股东代表，商定股份流转及分红模式。浦江林地股份制改革受到国家林业局关注。在林权抵押融资方面，积极利用集体林权的抵押借贷款融资功能，为林地规模化、产业化经营解决资金短缺问题。

2014年，加快推进农村“三权”改革，完成农村土地承包经营权调查，实施1297个村集体经济股份合作制改革，农村宅基地发证登记率74%，并持续扩大林地股份流转和林权抵押贷款试点。

2015年，农村产权改革全面推进，土地承包经营权确权登记颁证工作试点在兰溪整市、其他各县（市、区）和金华开发区的11个乡镇启动；全市发证宅基地126.82万宗，面积16.21万亩，发证率93.51%；村经济合作社股份制改革步伐加快，5168个村经济合作社股改率达到98.01%；正式印发实施《金华市农村产权流转交易管理暂行办法》，2015年成交额4652万元。义乌市承担的全国农村宅基地制度改革和省“三位一体”农民合作经济组织体系建设、浦江县承担的全国林权改革、武义县承担的市农村户籍制度改革等试点任务顺利推进，磐安县申报为“三位一体”农民合作经济组织体系建设推进县。

茶业

金华产茶历史悠久,汉代已产茶叶。晋末,东阳东白山茶为人赏识。唐代陆羽《茶经》载:东阳县东白山与荆州同(荆州茶为当时名茶)。李肇《国史补》将婺州东白茶与蒙顶石花、顾诸紫笋等15种茶列为唐代名茶。五代毛文锡《茶谱》记载了双龙鹿田村的举岩茶。宋时浦江仙华山一带茶园已盛。明代,东白山茶为贡茶,婺州举岩茶为名茶。明清时,金华和括苍的大盘已成为著名产茶区。1981年,在全国供销系统名茶评比会上,金华举岩茶与龙井、紫笋、莫干黄芽并称浙江四大名茶。2000年后,金华年产茶叶上万吨,高档名茶数十吨,茶源丰富。

金华产茶以烘青为主,亦产炒青和红茶。烘青是金华传统茶类,历来为加工花茶原料,产区遍及各县。平炒青主要产地在东阳、磐安,状如珍珠,又称珠茶,誉为"绿色珍珠"。遂炒青产于武义、金华、兰溪、永康、浦江,是加工眉茶的原料。红茶产于浦江、义乌、武义。除了烘青、遂炒青、平炒青等初制毛茶外,金华精制茶有花茶、眉茶、珠茶三类。金华出产花茶有700多年历史,是全省最早窨制花茶地区,有茉莉花茶、珠兰、白兰和柚子花茶等品种,具有滋味浓厚、香气袭人、甘美怡神、清鲜可口的特点。制作工艺分茶坯制作和花茶窨制两部分,十几道工序,经五窨一提工艺制作成的兰溪茉莉毛峰花茶,是中国花茶类的珍品。珠茶以平炒毛茶为原料精制后称珠茶、雨茶。1984年,东阳特级珠茶在西班牙马德里23届世界优质食品评选会上获金奖。眉茶以长(遂)炒青毛茶为原料精加工,分特珍、珍眉、雨茶、贡熙、特针、秀眉六个品种,特珍为上品。1986年,武义特级特珍眉绿茶在日内瓦25届优质食品评比中获金奖。

金华茶树耐旱抗寒,春梢生育好,干茶酸氨比例高,品味特甘爽。产东白茶的东阳木禾种与举岩茶的鸠坑和龙井齐名,并称浙江三大茶树群体良种。金华茶树种优良,环境得天独厚。生长于崇山峻岭上,高山云雾多,富酸性土壤,多寒早临,春寒迟消、日照稀疏,土质肥沃,泉水丰沛,有利于茶叶有机物的合成积累。以致茶单宁多,茶素与茶芳香油丰盛,茶蓬生长健壮,茶芽不易老,持嫩强。

金华火腿

金华火腿

早在1600多年前，金华一带已经养猪。金华养猪饲养管理讲究，在生长即催肥期间，多用豆麦、米汤、胡萝卜喂养，长成时肉质鲜嫩。猪舍冬暖夏凉，进食时开窗通风，食完后闭窗，让猪充分睡眠，使金华猪肉精多肥少、酥软柔嫩。金华养猪的品种主要有两头乌、东阳猪、尖山猪、义浦花猪、汤兰花猪、永康花猪以及浦江黑猪。两头乌品质优良，皮薄骨细，肉味鲜美，是适宜腌制优质火腿的优良肉脂型地方品种，用其后腿为原料腌制的金华火腿，驰名中外。早在1935年，彭起、梁达新教授为金华猪选育首次提出《金华猪外形鉴定标准》。中华人民共和国成立后，金华养猪生产发展较快。1953年，建立金华种猪场，金华猪选育有了正规场所。1973年，金华猪被全国猪育种协作组列为全国重点选育猪种。

1975 年成立金华猪育种协作组，组建金华猪育种基地。1979 年，金华猪列为“中国主要地方猪种种质特性研究”课题十大猪种之一，金华猪成为商品猪生产中优良的杂交母本。

金华火腿起源于唐宋，因形似琵琶，皮薄骨细，肉色红润，香气浓郁，味美可口，以色、香、味、形四绝驰名中外。元朝，金华火腿腌制方法经意大利旅行家马可波罗传往欧洲。意大利、德国、西班牙等国至今还在生产、销售金华火腿腌制方法的“中式”火腿。明代，金华府各县普遍腌制火腿，列为朝廷贡品，官府每年收购火腿派送京都。清代，金华火腿开始从农家腌制向作坊(腿栈)生产发展，并出口海外。清光绪三十一年(1895)，金华火腿获得德国莱比锡国际博览会金奖。清宣统二年(1910)获得金陵南洋劝业会金牌，名扬四海。1915 年，获美国旧金山万国商品博览会、北京国货展览会金奖。1927 年，金华腌制火腿的行栈多达 700 余家，其中以东阳最多，有 300 余家。1929 年，获杭州西湖博览会特别奖。腿商中，东阳的雪舫原记、雪舫正记、何乾元、陈舜华、马虹魁等有百余年历史。小商户比比皆是，东阳和金华几乎村村都有。

金华火腿腌制多在每年霜降后清明前，宰猪后去毛，分割前腿、后腿、身段等，剔除后腿细骨、碎骨，置空气流通处，经数小时猪肉表里冷透，用盐腌制。天气暖和，五六天再用盐腌制。一周后第三次腌制。一周后试味咸淡，用清水清洗，用刀修理腿形，使形状一律，一一排列，挂于木架上，暴晒五六天，再悬挂在通风处，经过 6 个月制成。为防止变味和蚊蚋不近，可涂油在腌腿上。整个过程分腌制、洗晒、发酵三步骤，经历低温腌制、中温脱水和高温发酵数十道工序，用盐 6 次之多，每次用盐时间、数量、部位都十分讲究。

1950 年，金华城区元生、金泰、恒丰、元隆组成“金联火腿产销合营处”，为金华第一家火腿生产联合体。1981 年，特级金华火腿获国家优质产品金质奖，是全国火腿行业唯一的金牌。1995 年，金华被命名为“中国金华火腿之乡”。2013 年，巴玛火腿博物馆正式开馆，金字冷冻食品城投入使用。

乳制品业

1940年，金华农校开始饲养奶牛。1947年9月，英士大学从上海接收联合国救济总署提供的荷兰黑白花种公牛1头、母牛16头。后城郊少数农户饲养杂交奶牛，户养3-5头，日产鲜奶约20市斤，专售鲜奶。

1950年，金华专署建立奶牛繁殖场，引进横峰母牛，有杂交奶牛15头，年产奶8吨。1957年，从上海、杭州引进黑白花奶牛10头。1958年，金华市(县级)商业局创办金华乳品厂，为金华第一家乳制品企业，生产瓶装消毒牛奶、炼乳和奶粉等产品。1973年，上海轻工设计院设计的全国第一台小型立式喷粉塔在金华试用。

1978年起，奶牛业快速发展，成为金华农业优势项目中产业链最长的新兴产业。1983年，中国政府和联邦德国签订《金华奶牛发展项目备忘录》。1984年12月，中共中央书记处编印《情况简报》第194期发表《金华市发展奶牛试验的经验值得重视》，胡耀邦总书记作出批示。1985年，金华自制第二条奶粉生产线，日处理鲜奶30吨，所产奶粉占全省1/3。8月27日《人民日报》报道：金华日加工鲜奶100多吨，成为南方最大奶牛基地，是继海拉尔之后第二个国家乳品工业基地，被授予“南方奶牛之乡”称号。

20世纪90年代，金华相继成立10多家乳品加工企业，乳品加工能力大增，生鲜奶供不应求。1991年，金华市乳品厂从荷兰引进当时全国唯一的塑瓶超高温灭菌奶生产线。1999年，全市乳制品企业14家，还有5600头奶牛的基地，年产奶3.37万吨，“佳乐”“李子园”被评为省名牌产品。佳乐乳业和上海光明乳业联合组建金华海华乳业公司，加快金华乳制品行业上档次、上规模。2010年，伊利集团在金华投资2.7亿元，启动浙江伊利乳业有限公司项目，建设日产250吨的冷饮加工厂，是华东地区规模最大的冷饮加工基地。2012年，蒙牛集团在金华建设总投资9亿元的乳制品加工厂，为亚洲规模最大的乳制品加工厂。2015年，全市奶牛存栏2.1万头，抽检所有奶站及部分奶车的奶样219批次，全部合格。全市鲜奶平均价格稳定在4.1~4.3元/千克左右，处于盈利状态。

金华酥饼

金华酥饼

金华酥饼是一种酥香可口的点心，其馅心用干菜为主料，故又名干菜酥饼。金华酥饼传为唐时所创，明代已闻名于世。以上白面粉、净肥膘肉、雪里蕻咸干菜、芝麻、饴糖、食碱、精盐、菜籽油等为原料，先把经发酵的面团擀薄，均匀地掸上一层素油，撒上干面粉，用手搓匀，使面粉吸油成为油酥；再把它团卷起来，搓成条状，摘成胚子，用手揿扁，使酥层藏在胚子内；再裹入干菜肥肉丁馅子，收口向上，用手轻轻压成扁圆形，刷上饴糖浆，撒上芝麻，进炉烤熟；其烘烤系在特制的陶炉中进行，内燃木炭，将饼坯贴于炉的内壁，经烘烤、焖烘、焙烤，前后5个小时左右而成。由于烘烤时间长，饼中水分大多蒸发，利于储存。又因面粉搓酥，使面皮分层薄如纸，致烤制后酥松油润而不腻。金华酥饼色泽金黄，型如蟹壳，表面酥脆，内荤外素，鲜咸可口。人们出行，乐以此为干粮。金华酥饼文字记载始见于南宋婺州浦江吴氏所著的《中馈录》，不过他说的酥饼是用蜜糖做馅，与今之干菜肉馅有别。

中华人民共和国成立前，金华农村集镇均有酥饼生产，城区有10余家烧饼店产酥饼。1950年后，由公私合营或合作饮食店生产酥饼，日产量约两三千只，均在本地销售。1984年，新增火腿酥饼、

金华酥饼烘烤过程

甜酥饼、辣酥饼、桃酥饼等品种。1985年，市饮食服务公司凤凰火腿食品厂生产的酥饼改木炭烘烤为远红外烤箱烘烤，同时将纸包装改为无毒聚乙烯塑料袋封装，外加彩色硬纸盒。1988年，《金华素酥饼市级标准》施行。是年，市区共有生产酥饼厂、店、场、户38家，日产量约6万只，其中凤凰火腿食品厂约1.5万只，与全国20多个城市建立经销关系。市区有出售酥饼店摊40多家。经过历代饼师的长期改进，据金华酥饼质量不断提高。1989年，金华酥饼获"浙江省优质产品"称号。2005年，金华酥饼店已开至杭州、上海、深圳、广州和天津等大城市。金华酥饼"大麻子"实行"工业化生产、代理制销售"。从配料、和面、制作、焙烤、检验、包装，各道工序分工明确，管理严密，全部产品由杭州市万隆食品有限公司统一配送给各大超市销售。当今，金华酥饼有苏香、美然、大麻子等连锁店，主要开在金华的婺城、金东两区和兰溪市。

酿酒业

金华寿生酒

《广志铎·江南诸省》载：浙酒即金华酒。金华酿酒源远流长，拥有独特的酿造技艺。西周金华先人开始酿酒。春秋时，出现以糯米为原料，用白曲和蓼划汁水发酵而成的风味独特的白醪酒。东晋，阮孚隐居明招山酿制白酒。唐代，金华民间酿酒达到较高水平，红曲酿造的金华府酒驰誉江南各都会。吴越王钱镠向五代各王朝贡品中，就有绍兴酒和金华酒。宋代，金华酒业发达，税收高昂。北宋《太平寰宇记》载“酒出兰溪美”。南宋金华酒盛行京都。《武林旧事》载：杭州畅销兰溪的“瀫溪春”酒。元代，金华是主要产酒区之一。张雨诗句“恰有金华一樽酒，且置茅家双玉瓶”，钱惟善的“故人远送东阳酒，野客新开北海樽”正是金华酒神采奇韵的写照。朱丹溪著《野客丛书》有“义乌佛堂白字酒”记载。

明清之际，金华酿酒技术达到高峰。从制曲配方、成型、酿制的炊米、加曲、摊饭、入缸、上榨、收酒、煮酒，程序严格，步骤紧密。酿制过程中注重温度变化，讲究操作的谨慎和酿具的清洁。高品质的水源是酿制佳酿的关键。明代许多小说如古典名著《金瓶梅》等多次提及金华酒。明李时珍《本草纲目》载：“东阳酒即金华酒”。清袁枚《食单》:“金华酒有绍兴之清,无其涩;有女贞之甜,无其俗。亦以陈者为佳,盖金华一路水故也”。道光年间,杏云《饮食辨》:“又一种金华酒名东阳酒,味极甘美,酒乃净酹”。明清史载,金华产三白酒、常酒、花露酒、珍珠酒、桃花酒、花曲酒等。清代,金华酒平步青云,《调鼎集》卷八列天下名酒,金华酒位列前茅。

民国时期,金华涌现一批地方名酒。1915年,寿生酒获巴拿马万国食品博览会金奖。1929年,义乌傅吉祥顶陈甘露酒在西湖博览会获特等奖,陈日新五加皮酒获一等奖。1947年,酿酒作坊遍布城乡。9县有1063家,总产量2545吨。多为店坊合一,产销兼顾,手工操作,设备简陋。

1949年,武义杨益茂裕记酱酒作坊改国营,为金华首家国营酒厂。1951年酒类实行专卖,酒坊酒商登记,重点厂派驻厂代表。1953年起,各县数百家酒坊联营,每区留一二酒厂,实行统一管理。1963年,全国第二届评酒会上,金华松鹤寿生酒获银奖,评为国家优质酒。1978年兰溪酒厂生产年产1000吨的云山啤酒,为金华啤酒生产之始。1981年兰溪酒厂大池发酵出酒率居全国第六位、全省第二位。1984年,武义酒厂采用糖化菌和纯酵母与乌衣红曲混合发酵新工艺解决酸酒难题。金华酒厂松鹤寿生酒参加轻工部酒类大赛,获银杯奖。1988年,金华市酒厂松鹤寿生酒和金华县寿生酒厂锣鼓洞寿生酒获首届中国食品博览会金奖。翌年,双龙洞啤酒获全国啤酒行业质量评比银质奖。1990年,松鹤寿生酒获西湖国际食品博览会金奖。1992年,兰溪酒厂芥子园干啤酒获第四届全国新技术新产品博览会金奖。2005年,金华酒酿造技术与五粮液等13种酒类酿造技术一同入选国家级非物质文化遗产名录。

传统造纸业和印刷业

金华境内手工土法造纸历史悠久。唐宋时，金华产上细黄白状纸、皮纸、尺白纸。明清时，上细黄白状纸已是进贡名纸。明代，兰溪、东阳等地有造纸为业的工匠和漕户(纸坊)。清代，造纸作坊日益增多。民国时期，金华与严州、衢州同为浙江三大纸产地。

唐代，佛教兴盛，经书风行。义乌雕版印刷开始出现，主要印刷佛经和民间需要的书籍。宋、元、明三代，金华书籍印刷业一直兴盛，书院及官宦之家多有藏书千卷者。金华传统印刷业在南宋时期采用雕版印书，洪迈的《容斋随笔》中就有记载。婺州刻书属浙江刻板中心之一。其时，刻板有官刻和私刻之分。官刻本有婺州学军本、群斋本、群库本、书院本(婺州丽泽书院)、祠堂本(金华吕氏祠堂)等。私家刻书，不为年利，主要是让自己或亲友的诗文通过刻印传至后世，校勘精于官刻。婺州有市门巷唐宅、义乌酥溪蒋宅崇知斋、东阳王宅双桂堂、刘氏学礼堂，以双桂堂的雕版印刷最为著名。现存有《梅花喜神谱》2卷，是南宋东阳王宅双桂堂刻印的，为中国最早画谱之一。元代医学家朱丹溪、明代文学家宋濂、金华知府阮元、黄彬等都刻印诸多文集。清嘉庆十四年(1809)，义乌风林王氏刻印的《王忠文公集》，是金华最早的木刻活字文集。

民国时期，金华印刷工业主要有石印、铅印两种。1912年，金竹溪在金华城区古楼前开办的金震东印刷厂(石印局)为金华最早印刷厂。此后，各县均有石印、铅印企业开办，计有20多家，一般均为前店后场，印刷兼售文具纸张。抗战时期，金华成为全省印刷业中心。1947年，金华县成立书籍印刷业工会。金华解放前夕，共有印刷企业50家。

金华是宋代古籍雕版印刷业的重要基地，古代刻书风气之盛、数量之多、品种之繁、质量之优，在曾冠称全国的浙江古代出版史上留下了光辉印记。

建筑业

金华素有“百工之乡”的美名，具有建筑业的传统优势。距今1万年前的浦江上山文化遗址中，就发现了榫卯技术搭建的木结构建筑。唐宋时期，金华建筑组群布局推陈出新，金华传统民居风格逐渐形成，东阳木雕用于建筑装饰成为特色工艺。明清民国以来，金华建筑业日趋繁荣成熟。始建于南朝齐的八咏楼、后晋的武义延福寺、北宋的天宁寺、明代的东阳卢宅以及兰溪诸葛八卦村、武义俞源、郭洞古建筑群，都是金华建筑业高度发展的实证。

1949年11月，全专区第一个建筑业组织——东阳建筑工会成立。1952年6月，境内第一家建筑公司——公营金华市建筑公司成立。20世纪70年代，境内建筑结构由砖混结构向钢筋混凝土框架和框架剪力墙结构转变。十一届三中全会以后，乡镇建筑队伍异军突起，很快占领全市建筑业的半壁江山。1984年，辖区内共有建筑单位89家，其中乡镇建筑企业76家。从1992年开始，全市建筑业迅猛发展，连续三年施工产值翻番。1994年，东阳市被浙江省首批命名为“建筑之乡”。1997年，浙江广厦股份有限公司成功上市。2000年，全市建筑业从业人数20.97万人，建筑工地遍布全国各地和德国等10多个国家地区。2005年，全市有建筑企业657家，特级企业1家，一级企业37家。全市建筑安装总产值达541亿元。2010年，全市建筑业总产值达到1567亿元。2013年，金华市被浙江省政府命名为“建筑强市”。2015年8月揭晓的“2015中国民营企业500强”榜单，金华广厦控股、中天发展控股、海天建设、歌山建设4家企业入选。2015年，全市共有建筑施工企业1047家，其中特级5家，一级168家，二级253家，三级420家，劳务企业81家，园林企业120家。全市建筑业总产值3162.93亿元，主要经济指标列全省第四。2015年完成省外产值2016.37亿元，占全市建筑业总产值的63.75%。其中建筑总产值超百亿的省外区域市场有广东、安徽、陕西、江苏、河南5个；超50亿的省外区域市场有山东、湖北、天津、青海、河北、江西、山西、北京、云南9个。荣获“鲁班奖”工程3个，荣获“钱江杯”优质工程14个，“双龙杯”优质工程27个。

交通运输制造业

青年汽车

1958年，金华城区开始汽车零部件制造。公路运输局所属汽车修造厂研制3-12吨挂车，生产224辆。20世纪60年代，永康、兰溪、东阳、义乌、浦江等地，逐步发展汽车配件生产。1969年，省重工业厅直属汤溪齿轮机床厂开始生产汽车变速箱及齿轮。1973年，兰溪永昌农机具修理厂生产自行车链曲柄1万套。80年代，交通运输设备制造业发展较快。1985年，金华汽车修造厂生产越野汽车2辆、普通轿车1辆，改装车33辆。2家企业从事摩托车零配件制造。兰溪自行车零件厂供“凤凰”“飞达”等配件外，还出口日本、韩国。1986年，浙江汽车齿轮厂、义乌汽车制动阀总厂、浦江汽车配件厂被东风汽车工业联营公司吸收为成员厂。1987年，金华车圈厂成为“中国自行车协会”团体会员单位。金华市车辆厂组装“振华”110微型汽车54辆投放市场。1993年，星月公司开发147FM摩托车发动机气缸头，获省科技进步三等奖。1995年组建南方公司金华摩托车

众泰汽车

总厂，建成年产10万辆摩托车发动机生产线。1996年，金华汽车修造厂改制为浙江神马汽车实业有限公司，生产高级豪华中巴、大巴被交通厅列为快速客运主选车型，产品销往省内外。1997年浦江力霸皇公司生产能力200万辆自行车新厂区运行，成为省自行车骨干企业。1998年绿源公司研制的电动车通过省级鉴定，并被公安厅批准为首家上目录品牌。

20世纪90年代末至21世纪初，汽车整车制造业发展迅速。2000年，尼奥普兰公司引进德国客车制造技术，3年开发六大系列71种车型。2002年，该公司开发系列豪华列车达到世界同类车型先进水平。2003年，浙江铁牛集团投资4,8亿元，实施年产5万台轻型商务车及休闲越野车车身生产线技改项目。2005年，铁牛集团获准上市车型的汽车产品公告。青年集团和众泰集团(原铁牛集团)登国家产品公告目录，进入全省8家具备汽车整车生产资格的企业行列。2013年，全市汽摩配行业446家规模以上企业总产值840.3亿元，销售产值837.9亿元。年销售收入达到10亿元以上的企业有今飞控股集团有限公司、金华青年汽车制造有限公司、浙江绿源电动车有限公司、青年汽车集团有限公司4家企业。今飞控股集团有限公司实现销售收入51.88亿元。新能源汽车推广取得了发展，市区汽车产业专项政策可兑现500多万元；2011—2013年，全市累计推广了636辆电动汽车，成为全国拥有电动汽车最多的城市。

2015年，全市交通运输制造业转型升级取得突破，新能源汽车及先进交通装备制造业实现产值179.11亿元，铁牛集团全年生产汽车整车22.29万辆，累计实现产值115.34亿元，成为金华首家百亿规模企业。

小水电建设

金华水力资源理论蕴藏量47.35万千瓦，经实地调查选择可能开发的站址811处，可开发水力资源32.79万千瓦，多年平均年发电量9.87亿千瓦时。

中华人民共和国成立前，金华无水电站，只利用天然落差的小溪舂米、磨粉。中华人民共和国成立后，省政府以工代赈扶助兴建湖海塘水力发电灌溉工程。1950年10月向金华城区供电，这是金华地区第一次使用水力发电。1958年至1960年，一批小水力发电站上马，500千瓦以下小水电站78座。双龙水电站是浙江省第一座引水式高水头电站。1958年5月动工兴建，1959年9月建成，利用双龙和九龙两道山泉发电，蓄水池和电站水位落差196米。水电站装有金华通用机械制造厂自主研发的750千瓦冲击式水轮机，上海产256千瓦发电机，发电装机容量512千瓦。1959年10月，浙江电影制片厂来此拍摄纪录片《双龙戏珠乐人间》。此后，金华地委提出开发双龙溪、兴建“一垅八站”的设想。1959年即兴建北山双龙溪上的少年、双龙、库口、铁堰、青妇6个水电站和2个水力加工站。这是金华开展小河溪流域利用天然落差、兴建梯级水电站之始。1960年2月，全国农村水电站经验交流会在金华召开，15个省(市)代表参加。3月，装机4080千瓦的金兰一级电站建成投产，这是金华第一座单机1000千瓦以上的水电站。先后有80多个国家的专家学者前往参观、考察。金华梅溪、武义麻阳港小流域多级开发，壶源江、浦阳江跨流域开发相继开展，发展小水电建设。

1979年国际小水电会议第一次会议在尼泊尔召开，会上介绍金华梅溪五级开发的设计资料。1980年在杭州召开国际小水电第二次会议，会议期间各国代表到金华考察参观梅溪、双龙溪小水电梯级开发。金华县和武义县被评为全国小水电建设和管理先进县。2015年，全市共建成水库821座(其中大型2座、中型27座)，占全省总量1/5，蓄水总量19.5亿立方米。

电　业

1915年，绍兴商人金立斋等集资创办兰溪电灯公司，1918年3月，建成发电，装机容量96千瓦。嗣后，各地相继建办民营小电厂。1936年，境内共有小型火电场13家，发电装机总容量645.2千瓦。1949年，金华、兰溪、永康3家电厂发电装机容量总量345千瓦，年发电量约15千瓦时。

中华人民共和国成立后，金华电力工业坚持自力更生，因地制宜，水力、火力发电并举，全面发展。20世纪50年代初期，各地恢复或新建小型火电厂，供城镇照明。1950年，建成装机容量200千瓦的湖海塘水电站。1956年，金华苏孟村建成全省第一座木制水轮机水电站。接着，金兰、横锦等水电站相继破土动工。1958年，金华电厂凤凰山发电所750千瓦汽轮机电机组建成投产。此后，各县初步形成县城为中心向附近农村辐射的6～10千瓦配电网。1959年，辖区发装机总量达到4101千瓦，年发电量977千瓦时。

20世纪60年代初，金兰横锦水电站先后投产，金华、东阳两县分别建成35千伏电网，形成以小水电，小火电为主电源的金华、义东两个独立的地方电网。与此同时，随着新安江水电站的投产，形成以黄坛口和新安江电站为主电源的110千伏浙西电网，并与华东电网联网。1962年，成立金华专区电力公司

金华第一座电站——湖海塘电站

和浙西供电局，分别负责金华地区电网和浙西电网管理。此后，电网建设步伐加快。1967年，金华专区电力公司建成装机4500千瓦的汤溪火力发电厂。翌年，架通35千伏义(乌)孝(顺)输电线路，金华地方电网东西两片35千伏电网实现联网运行。1969年1月，35千伏龙(游)汤(溪)输电线路投产，开始获得大电网部分电力。1970年6月，110千伏新(安江)金(华)输变电工程建成投产，金华地方电网并入浙江电网，结束孤立封闭状态。此后，地方小水电厂柴油、煤油发电机组逐步停止发电，改为以转供大电网电力为主。1979年1月，浙西供电局和金华地区电业管理局合并成为金华电业局，金华电网实现统一计划、统一调度、统一管理。此后，开展多种形式的集资办电，增加电力供应。同时，通过多方筹集资金，加快电网建设。1980年，辖区发电装机总容量8.47万千瓦，年发电量1.491千瓦时。1982年，建成全市第一座220千伏变电所——金华变电所。第八个五年计划期间(1991—1995年)，新建金华、兰溪等热电厂和宣平溪、杨卜山等水电站，全市新增发电装机容量7.81万千瓦。

"九五"期间(1996—2000年)，建成装机总量11万千瓦的金华燃机发电厂，沙畈、三港等骨干电站建成发电，全市发电总机总容量46.05千瓦。由于国家增加电网建设投资，电网建设快速发展。1995年9月，国家经贸委批准金华县农村电网示范改造项目，概算总投资1.09亿元，新一轮电网建设改造工程由此开始。1997年9月，建成投产的220千瓦宾王变电所，为义乌的经济腾飞奠定电力能源基础。是年12月，建成500千伏双龙输变电工程。该项目是国家重点电力建设工程，由世界银行贷款建设，总投资5.6亿元，装有3.25万千伏安主变压器1组，变电总容量75万千伏安，主变器、断路器、电抗器等主要设备均从国外进口，监控采用计算机，是全国第一座采用综合自动化系统的500千伏变电所。1998年7月，建成金华江南110千伏变电所，为全市第一座全户内式变电所。1999年总投资15亿元的全市农村电网建设与改造工程启动。

"十五"期间(2001—2005年)，全市电力供应紧缺。在国家产业扶持下，许多企业自建余热发电机组和柴油发电机组，以应对"电荒"。金华燃机电厂进行扩建、增容，加上磐安三曲里等中小型水电站开发建设，至2005年，全市发电装机总容量达194.88万千瓦。电网建设进入历史最快发展时期，通过实施农村电网、县城电网、金华城网建设与改造工程以及第二至第八批电力基础工程和电网技术改造工程，共完成电网建设与改造投资近50亿元。2001年11月，金华双龙至福州500千伏输变电竣工投产，500千伏金华双龙变电所成为华东电网连接福建省电网的枢纽变电所。2002年9月，建成金华城中变电所，率先采用GIS组合电器。2003年起，义乌江东、杨村、北苑、后宅、福田、青口、义亭带110千伏变电所均采用110千伏电缆进线。2003年6月，发电装机总容量240万千瓦，全省最大的内陆电厂浙能兰溪电厂动工兴建。2005年，建成500千伏义乌丹溪变电所，浦江丰安、永康倪宅2座220千伏变电所和东阳塘西等12座110千伏变电所，是金华市历史上建成投产变电工程最多的一年。年末，全市共有500千伏变电所2座、220千伏变电所11座、110千伏变电所64座、35千伏变电所35座，变电总容量1190.368万千伏安；共有35千伏以上输电线路259条，总长3902.38千米，10千伏线路1.32万千米，配电变压器623.65万千安，低压配电线路约4.61万千米。形成一个以500千伏电网为依托，220千伏和110千伏电网为主网架，35千伏电网相配套，高低电压电网遍布城乡，结构较合理，技术较先进，供电能力较强的现代化电网。

境内最长的公用线路是宾浦线，自义乌宾王变电所到浦江变电所，全长31.78千米；最长的用户专线是三安线，磐安三曲里水电站上网线路，全长37.37千米。

2014年，溪洛渡左岸——浙江金华±800千伏特高压直流输电工程建成投运。该工程是国家推行“西电东送”战略中的重特大电网工程，也是中国输送容量最大、输送线路最长、电压等级最高的直流输电工程。工程西起四川宜宾，东至金华，落点武义，全长1700多千米，投资近250亿，输送容量800万千瓦，电压等级±800千伏。每年可将西南地区约400亿千瓦时的清洁水电输送至浙江，相当于节省标准煤1228万吨，减排二氧化碳超过3400万吨。

2014年，金华电网建成特高压交直流混联大电网，金华成为全国唯一特高压交直流工程都有落点的地级市。建成浙江首座500千伏全数字化智能变电站吴宁变电站。建成全国首条纯电动快速公交系统（BRT）电力配套建设——城南充换电站。2015年，110千伏及以上输电线路开工390千米、投产150千米，变电开工147万千伏安、投产45万千伏安。完成售电量268.71亿千瓦时，最高网供负荷532.11万千瓦。500千伏吴宁变电站工程获国家优质工程奖。

古近代交通

自古以来，金华为两浙交通要冲和兵家必争之地，是浙、赣、闽、皖4省重要水陆通道和中转枢纽，史称“府控临安之腰脊，当台绍之上游，西臂信安，南肘括郡，所谓腹心之地”。春秋战国，开辟会稽经浙中盆地去楚国之岭路，辖境成为越、楚重要战略通道。秦汉时，以郡治为中心，郡县间相互沟通的道路逐步形成。

唐代，境内水运日趋繁忙，婺江舟船上下留止，“舳舻争利涉”，金华、兰溪等地中转码头先后形成。陆路干线进一步得以拓展，上达京都、省会，下通各县镇。两宋时，婺州成为浙江境内打造漕船的重要基地之一。南宋，越州至婺州古道成为主要商路，“川陕、荆湘、两广陆道入杭经商，多由此路北上。”金华的交通地位在浙江已与杭州、宁波呈三足鼎立之势。元代，金华境内水陆交通四通八达，“乘传之骑、漕输之楫，往往蹄相摩而舳相衔”。兰江、婺江“日对千舟竞发，夜照万户明灯”。明清时，随着商品经济的萌生，道路运输日趋繁忙。“凡福之绸丝，漳之纱绢，泉之蓝，福延之铁，福泉之桔，福兴之荔枝，泉漳之糖，顺昌之纸”均沿境内衢江、兰江“下吴越如流水”。邮驿递铺的设置也更为普遍，最多时近200处。

1912年，钱江轮船公司开辟杭州至兰溪机轮航线，现代交通由此萌生。1929年，杭江铁路（浙赣铁路）开始兴建。1931年5月，金华境内最早筑成营运的公路浦(阳)钟（宅）公路（商铺商营）动工兴建。次年8月建成通车。该路全长24.7千米，由浦钟公路汽车股份有限公司经营，时备客车2辆，货车1辆。同期，衢（县）兰（溪）公路及汤溪支线动工兴建。1932，衢兰公路建成。9月，租予衢兰汽车公司经营，为境内第一条省筑商营公路。随后，各地纷纷筑路。1934年，境内掀起筑路高潮，先后建成寿昌至兰溪、金华至兰溪、东阳至嵊州长乐、东阳至永康等9条（段）公路，共168.47千米。是年底，全境累计建成公路16条（段）、333.83千米。除浦江外，各县均有公路相连。抗日战争后，公路遭破坏，失修失养，运输公司相继停办，交通业萧条。1949年5月金华解放时，仅有7条（段）公路66.58千米勉强通车。

浙中公路枢纽网络

1949年，修复金(华)丽(水)、义(乌)东(阳)、上(茭道)武(义)3条干线公路99.15千米。年末，境内开通公路11条(段)、165.73千米。1951年，浦(阳)墩(头)公路建成通车。1954年12月，东(阳)安(文)公路建成通车，是全省第一条由地方政府主办、以民工建勤形式修建的山区公路。1956—1957年，掀起群众性的筑路高潮，新建公路2000千米。1958—1960年，在"依靠地方、依靠群众、普及为主"建路方针指导下，建成金义、义浦、永武等一批干线公路以及大批县乡公路和山区公路，年均建设公路1886千米。

1988年，在全省内率先实现乡乡通公路。1989年9月，市区完成24千米环城公路，成为全省第一个有环城公路的地级市。1990年末，全市公路通车里程累计316条(段)、3553.68千米、其中国道1条、117千米，省道15条、646.74千米，县道99条(段)1711.45千米，乡道201条(段)、856.41千米，专用公路148条(段)222.08千米，公路密度每百平方千米32.55千米。

20世纪90年代，对全市公路进行全线改造，全面提升公路网的等级水平和通达能力。1992年9月，金华客运中心建成并投入运行。1993年，市政府全年用于交通建设投资1.96亿元，新建公路160千米，改建高级、次高级路面388.5千米，101个乡镇铺通高级、次高级路面公路。1996年4月1日，金华市第四届人民代表大会第二次会议上，市政府《政府工作报告》中提出"发展大交通"战略。6月26日，市区双龙大桥建成通车。

2000年，全市各县(市、区)实现一小时公路交通圈。2001年12月，金丽温高速公路一期工程金华至武义段通车，实现境内高速公路零的突破。2002年12月，杭金衢高速公路、金丽温高速公路二期工程建成通车。尔后，相继建成甬金高速公路、台金高速公路、诸永高速公路、东永高速公路。

2003年始，加快乡村康庄工程建设。全市通村公路建成3000多千米，改造村道4200千米，有6个县(市、区)的通村率和通车率达到100%。公路外通内

仙桥立交公路

畅，成为东南沿海通向内陆地区的交通要冲和浙江中西部交通枢纽。2003 年 6 月，“乡村康庄工程”全面启动，“村村通”建设再掀高潮。先后完成国家级“康庄工程”57 个，省专项资金项目 42 个，新建公路 678.8 千米。

2014 年，全年实际完成投资 132.3 亿元，有效投资规模挤入全省第一方阵。2015 年底，全市公路总里程达到 12431.243 千米，其中国道 345.083 千米、省道 769.663 千米、县道 3568.723 千米、乡道 3710.645 千米、专用道路 42.909 千米、村道 3994.22 千米。高速公路 6 条，总里程 354.483 千米，一级公路 599.548 千米，二级公路 1273.586 千米，二级以上公路占公路总里程的 17.919%。全市公路密度 111.75 千米 / 百平方千米。高级次高级路面 12390.229 千米，占公路总里程 99.67%。总里程比去年同期增加 161.857 千米，增长了 1.3%，在全省排名第五。其中，S27 东永高速公路是浙江省首条由地方政府投资兴建的高速公路。

铁路

浙赣铁路 1927年，国民革命军初定浙江，浙江省政府首倡修建浙赣、浙皖铁路计划，因经费难筹，未能实现。1928年，国民政府建设委员会会同浙江省政府对拟建铁路沿线进行踏勘。1929年，经浙江省政府委员会第203号决议，由浙江省自行筹款修建杭州至江西玉山的杭（州）江（山）铁路。筑路总投资1303万元，除了省政府拨款和发行建设银行公债外，其余部分由银行团和中英庚子赔款贷给。1930年3月，工程正式动工。4月，金华境内工程开工。1931年，义乌站通。1932年2月金华站通车，3月兰溪通车。1933年12月28日，在金华举行全线通车典礼。1934年元旦，铁路全线359千米正式通车运营，其中金华境内铁路长133千米。其后，浙江、江西两省及铁道部组织“浙赣铁路联合公司”继续向西修建铁路。5月，杭江铁路改名为浙赣铁路。1937年，全线陆续改铺重轨道。浙赣铁路的修建，改变了金衢一带交通困难，文化闭塞的状况，在金华近代化过程中发挥了重要的作用。中华人民共和国成立后，浙赣铁路不断改造升级，成为今天沪昆铁路的重要组成部分。2003年，开始对浙赣铁路进行电气化改造，金华市境内改造后线路102千米，是第一条全面提速到200千米/小时的客货共线电气化铁路。2007年，动车组列车在浙赣线投入运营。

2014年12月10日，杭长客专金华段开通运营，金华进入“高铁时代”。杭长客专金华段项目包括99.65范围内的路桥隧工程及无砟轨道、通信、信号、牵引变电、站房等工程，设计时速350千米/小时，总投资150亿元。杭长客运专线是国家“四纵四横”快速客运专线网中沪昆客运专线的重要组成部分，它的开通极大改善了浙中城市群的综合交通条件，增强浙中城市群与沪、杭等城市的“同城效应”，进一步提升金华区域性铁路枢纽的功能和地位。

金（华）千（岛湖）铁路 金千铁路属浙赣铁路支线，全长22.228千米。1929年测设。次年6月修筑路基。1932年从金华展开铺轨工程。1942年金华、兰溪相继沦陷，日军拆该线轨枕用于金（华）武（义）铁路，掠夺萤石资源。抗战胜利后

高速铁路

铁路恢复。1956年，为支援新安江水电站建设，兴建兰溪至铜官专线。1991年改称金千铁路。

金(华)武(义)铁路 1930年，金华至武义铁路由省建设厅列入轻便铁路修建计划，后因资金困难未成。1943年，日军掠夺萤石资源，修筑金华至武义军用铁路。1945年，日军强拉民工拆毁铁路。1948年，国民政府将该路列入修复计划，因时局变迁未果。

金温铁路 金温铁路途径金东、武义、永康、缙云、丽水、青田、温州，全长252千米，是国内第一条中外合资铁路。1918年，孙中山在《建国方略》中提出要发展通温州铁路。1936年，民国铁道部筹划修建金温铁路，“所需经费，拟发行公债拨充，由沿路就地募集。”1948年11月，《中国民报》记载开始测勘线路，但时局动荡，计划搁置。

中华人民共和国成立后，金温铁路被列入二五计划建设项目。1958年铁道部下达勘测任务，提出初步涉及方案。12月，2.5万人民工团在武义召开誓师大会，开始路基石方工程施工。1959年国民经济调整，全线停工。1974年，铁道部部署编制金温铁路研究报告。1983年，金、丽、温三地领导联合向省委、省政府建议修建金温铁路。1985年，国家计委同意金温铁路项目按地方铁路修。1991年，经国务院有关部门批准，浙江省和香港南怀瑾主持的香港联盈兴业有限公司签订建设金温铁路合同，金温铁路建设工程正式启动。1992年初，省政府、铁道部和联盈发展有限公司合资成立浙江省金温铁道开发有限公司。1992年12月18日正式开工。1998年6月11

日，全线通车运营。金温铁路自浙赣线金华市区新东孝站出发，经金华、丽水、温州3市(地)10个县(市、区)到温州龙湾，正线全长252.289千米，该工程由原铁道部第四勘测设计院(武汉)按一级地方铁路标准设计、建设，年输送能力近期450万吨/年，远期1000万吨/年。金华市地段长74千米，途径婺城区、金东区、武义县、永康市的12个乡镇。直接受益范围倒4.3万平方千米，总人口1450万。填补浙赣线以东至沿海10万千米范围的路网空白，进一步确定金华交通枢纽的地位。

2010年1月19日，金温铁路扩能改造工程启动，项目总投资179.7亿元，设计时速200千米/小时。2015年10月28日，该线路首趟动车组试验列车开跑。改造后金温铁路西起金华南站，东至温州南火车站，全线设9个车站，规划输送能力日运行客车69对，年货运1500万吨。

2015年，全年完成客发2294.87万人，其中金华站发送旅客719.88万人，义乌站发送旅客899.28万人。12月26日，金温铁路正式开通运营，全长约188千米，旅客列车速度目标值200千米/小时。车务段管内设有7个车站，其中金华地区有金华南、武义北站、永康南3个车站。是日，位于金东区麻车塘村的金华南站投入使用。有11股到发线，衔接东孝、塘雅、金温老线、金温新线(高铁)四个方向。停靠金华南站的旅客列车共32趟，乘坐动车组去温州只需一个半小时。金华市区实现“一城双站”。

民航

义乌机场

至年末，有国航、南航、天津航、海航、幸福航等5家航空公司在义乌运营，开通义乌至北京、广州、深圳、厦门、郑州、成都、沈阳、揭阳、海口、合肥、福州、晋江、南宁、珠海、昆明、西安、兰州、三亚、香港等19个城市的航班。

义乌机场修建于1970年，1988年经批准为军民合用。1991年4月1日，民航站举行首航仪式，开通义乌—广州、厦门两条航线。2007年底，义乌机场旅客吞吐量达到了51万人次，列中国148个民航运输机场的第55位。义乌机场是中国第二个县（市）级中型航空港，先后开通的航线有广州、北京、汕头、厦门、深圳等十多条。2007年10月2日，义乌—香港地区航线临时航空口岸正式开放。

2014年7月31日，国务院批复同意义乌机场航空口岸对外开放。12月19日，义乌至香港航班首航。全年安全保障航班10749架次，吞吐旅客量1204542人次。输送货邮（含行李）12795.2吨。全年平均客座率72%，平均载运率59.7%。

2015年，民航义乌机场安全起降航班11272架次，旅客吞吐量1196477人次，输送货邮（含行李）13099.2吨。全年平均客座率71.7%，平均载运率59.6%。共有9家航空公司共同开发义乌航空市场，开通北京、广州、厦门、深圳、珠海、三亚、昆明、郑州、揭阳、沈阳、天津、重庆、福州、合肥、西安、兰州、海口、南宁、晋江、成都、梧州等21个国内城市航班和香港、韩国2个国际、地区城市航班。8月，国际货运监管场所顺利通过杭州海关验收，还成立了义乌民航报关行，已具备进出境航空货运监管、处理功能。

物流业

物流监控

2003年制定的《浙江省现代物流发展纲要》把金华定位为浙江省第四大物流枢纽，2006年金华市登上福布斯“中国大陆最适宜发展物流城市榜”第六位。2013年5月22日，中国金义电子商务新城项目在金义都市新区签约。

2013年，金华全市有内陆口岸场站、国际物流中心、江东货运市场、江北下朱货运市场等4个专业性物流场站，总占地面积1400余亩。规划的义乌国际陆港物流园区占地43.6平方米，涵盖国内物流、国际物流、快递物流、电商仓储、铁路物流、航空物流、综合保税等十大功能区块。全市货运量达6391.6万吨，国内快件日均出票量达60万件，位居全国第六，国际快件日均出票量达25万件。全市已建成各类货运（物流）站场、园区基地（站场）共26家，乡镇货运站共31家，物流企业831家，物流行业增加值达280亿元，基本形成物流集聚区、物流中心、物流场站和物流配送的物流网络。全市规模以上快递服务企业快递业务量

3.02亿件，增速全省第一，完成快递业务收入31.21亿元，快递业务量与快递业务收入均列全省第二、分列全国第六和第八。尤其业务量仅列北京、上海、广州、深圳、杭州之后，快递物流跃居全国前列。在全省交通系统首创公共订舱平台，为金华市国际物流企业提供在线订舱服务，同时提供后续交易、结算、查询等一条龙服务，推进全市物流业与制造业的联动发展。义乌机场货运量3453.5吨，海关监管小商品出口78.2万标箱。联托运货运量24464万吨。义乌机场完成总起降架次10632次。

金华加强建设综合交通物流平台力度。2013年5月，义乌作为国家东部唯一内陆城市，被联合国亚太经社会组织列为国际陆港城市。6月，成立义乌港物流有限公司，开展集装箱运营和甩挂运输等港口物流业务。9月，国家发改委下发《全国物流园区发展规划》，将义乌列为全国二级物流园区布局城市。修订《义乌市人民政府关于加快发展现代物流业的若干意见》，拟定《关于加快物流运输业专业化发展的若干意见》。完成《国际陆港物流园区控制性详细规划》和《国际陆港物流园区交通专项规划》等专项规划。10月17日，义乌港二期海关监管场工程正式通过杭州海关验收，引进全国最先进的智能卡口管理系统、智能监控指挥中心系统和FS3000集装箱检查设备。同月24日，金华铁路货运中心与义乌市天盟实业投资有限公司、宁波港国际集装箱有限公司、中铁集装箱上海分公司、长春中远快运有限公司、浙江东宇物流有限公司5家企业签订运输意向书。同月25日，“义乌—北仑”集装箱专线首发仪式在铁路义乌西站举行。保税物流中心（B型）纳入全国第二批调研审核项目，疏港高速公路项目完成工可报批。义乌航空口岸列入《国家口岸发展规划（2011−2015）》。

2013年随着《金华市现代物流产业发展规划》的出台，兰溪嘉宝物流基地、武义物产（浙中）供应链服务基地、浦江现代物流中心、金字火腿窖藏冷链物流基地、顺通仓储中心（一期）等物流基地建成并投入运营，进一步推动金华市物流业朝着组织化、集约化、高效化的现代产业方向迈进。

2014年7月，跨境通平台在金义都市新区正式运行。投资2.5亿元，占地80亩的金华邮政速递物流电子商务邮件处理中心项目在金义都市新区建成投运，申通、中通、圆通等快递品牌相继入驻。

2015年完成物流业固定投资18亿元，金华国际物流集聚区、义乌国际物流集聚区、永康现代物流集聚区、兰溪港及后方物流集聚区、东阳现代物流集

11 月 16 日，意大利物流巨头维龙集团与金义都市新区管委会签约

聚区等五大物流集聚区初具规模，菜鸟一期、中通浙中总部基地、金华邮政速递物流电子商务邮件处理中心、义乌 B 保、义乌国家邮件处理中心等重点项目投入运行，菜鸟二期、申通（浙中）电商快递营运基地、圆通速递金华仓储分拨中心（一期）、华东（金华）农产品物流中心建设项目等项目投入建设，物流服务设施不断完善，物流网格化效果初步显现。金义都市新区集聚快递物流企业 14 家，其中“中国·金义电商商务新城”（阿里巴巴）项目累计投资 1.885 亿元，百世物流和百世汇入驻并投入运营。8 月 5 日，嘉宝物流海铁联运班列首发，打通了兰溪通往海上丝绸之路的桥头堡，为金华经贸发展带来巨大的机遇。2015 年“双 11”期间，金华市网上交易发货量仅次于广州、上海，居全国第三。11 月 16 日，意大利物流巨头维龙集团与金义都市新区管委会签约，维龙金义都现代物流园落户金华。

古代集市

金华古代集市形成初期，多沿水路，择沙滩地为市，故名沙滩市。秦朝，在东阳江、画溪汇合处的佛堂江滩即有集市。三国、两晋、南朝时期，出现约定时日的集市，交易规模逐渐扩大。开设固定商行、作坊、饭庄、宿店等行业，出现从事搬运的杠夫、挑夫、船夫等运输行业。唐代，兰溪上游的游埠镇已成水路码头，商贾货物云集，有“三缸”(酱缸、酒缸、染缸)、“五坊”(糖、油、炒、磨、豆腐坊)、“六行”(米、猪、药、茧、竹木、运行)、“十匠”(铁、镯、铜、银、木、泥瓦、石、漆、花匠)之誉，号称“钱塘上游第一埠”。地处金华、绍兴、台州三地交界的东阳巍山渐成市集，集聚土木建筑工匠，建筑成为当地传统行业。金华城东的子城内有东市街，为市集商铺所在。北宋，东阳出现官方贸易的茶马司行。孝顺镇成西扼金华、东通义乌之孔道，商业繁盛。南宋磐安玉山马塘茶市，至今尚存。集市贸易之外，在金华城和各县衙、县府所在镇上，临主要交通街衢，开设固定商铺，渐成街市。婺州府城内有西市街、后街、县前街、府前街。

明代，金华各地集市不下70处。黄田畈人口多达数千之众，发展成为东阳、义乌、永康3县便捷物资集散地。荷兰商人在浦江白马建有贸易货栈，占地1亩许，有房20余间。兰溪平渡镇(今女埠)设置巡检司，成为浙江省内河航运重要港口之一。明正德年间，武义已有分类别的商品市场“七行八市”。东阳横店也出现菜市、米市、柴市等专业市场。婺州府城内设有北关市、东关市、南市及溪下街市等集市。西市集中南北货、布业、茶漆、银楼、瓷器等多家店铺，进城者多去西市；通济桥至通远门外，码头上多米行、油行、盐栈、柴炭行，“舟楫靠岸，樯桅林立”，日日有市，无旺淡季之分。清代，金华城外有南市、东关市、溪下街市。民众约定俗成，逢农历单日或双日开市；相邻市集则错开时间开市。开市俗称“市日”或“赶集”，各方商贾摊贩云集，四方辐辏，一时之盛。至清末，金华境内集市达100余处，为浙江中西部货物集散地。

商品市场

民国时期，杭州至江山铁路开通，金华西大门至火车站一带形成街市。抗日战争时，大批外地商贾涌向金华、兰溪，区域内市场一度异常繁华。其时，兰溪游埠镇纺织布机达万架，年产土布50万匹，出现布匹专业市场。广州、武汉沦陷后，四方客商云集婺城，商埠联袂，棚房连接。中山路一带，成为战时香烟、肥皂、布匹、锡箔批发市场。1946年，金华城内有商号1437家。武义县城有商店99家，资金额105万元(法币)，全县城乡有各种店铺595家。

中华人民共和国成立后，金华城内商业由国营批发供应，供销商业门店布局经营，唯有通济桥下留有小码头市场、南市街仔猪、牛市及菜市场数处。农村集市受政治运动影响，几度兴衰反复、人们对市场建设噤如寒蝉。1978年改革开放后，集市重开，上市物资次第放开经营，原来束缚市场的种种限制日渐放松，市场逐年恢复生机。1978年12月，永康胡库乡金江龙村民率先开办衡器配件市场，开创境内兴办五金市场先河。1979年永康四路口形成机绣品市场。1982年7月，义乌县稠城镇湖清门小百货市场建成，630个摊贩成为首批经营户。翌年，境内各类专业市场兴起，有专业市场370个，其中金华城区17个；开放农村集市184处，其中金华城郊10处。金华南郊五百滩形成畜牧交易市场，不久即迁往城南红旗大队，渐成华东最大的牛交易市场。1983年，物资供应逐步敞开，境内开放农村竹木市场。1985年，国家取消粮食统购统销政策。境内以粮油批发为主的市场兴起。同时，金华市(县级)有粮食市场22个。辖区年供平价、议价粮食27.7万吨。是年，东阳千祥镇开设药材市场，磐安在新渥镇建设中药材市场。义乌在稠城镇新马路北路建新一代小商品市场，占地1.36万平方米，成为以个体商贩为主、经营小商品为主、批发销售为主的大型专业市场。1986年，永康大园东废旧钢铁交易市场创办，当年成交700余万元。1987年4月，东阳城区开办浙中建筑物资市场。为全市首个建材专业市场。翌年，义乌生产资料市场开发开业，由国营、集体单位批发经营工业原材料、机电设备、农用物资、建筑材料、生产资料。1989年4月,金华市果蔬批发市场在市区双溪西路开工建设。

20世纪90年代,全市各类市场迅速发展。1991年,市委、市政府专门成立市场建设领导小组,负责市场建设中的布点、建设、组织、协调。是年,金华市区投资5793万元,新建市场24个,扩建、改建30个。金华市畜牧交易市场重新规划,在城南董宅新建牛交易市场。1991年1月,义乌市建设篁园路小商品市场(第四代小商品市场)一期工程。3月,国家体改委发表以《义乌小商品市场发展经验》为题的文章,充分肯定义乌“兴商建市”发展战略。是年,义乌小商品市场成交金额10.33亿元,成为全国最大的小商品专业批发市场和全国小商品主要集散中心。

1992年3月,金华市粮食批发交易市场在城区婺江西路九号码头建成开业,当年成交11万吨,成交额9300万元。5月,篁园路市场正式开业。8月,经国家工商局批准,该市场命名为“浙江省义乌市中国小商品城”。是年,金华市建材物资公司在市区人民东路建成金华市建材市场。1993年12月,浙江中国小商品城集团股份有限公司创建,实行政企分开,管办分离。公司总股本金1.04亿元,资金总额9亿。1994年,金华市区大型消费品市场金华商城建成试营业,拥有摊位7000多个。是年12月,宾王市场(五代小商品市场)开工建设。1995年3月,永康在城区双股金钗地段创办五金市场,成为中国科技五金城的母市场。1995年5月,创办金华浙中家具室内用品市场(浙中家私广场)。10月,金华灯饰市场、金华火腿食品市场开业。1997年5月,“商城信息”网站正式开通,发布中国小商品城3万多个摊位、36条商业街、3000多家企业及总经销、总代理的产品和商品信息。1998年3月,磐安安文镇月山路上新兴磐安特产城,经营中药材、香菇食用菌。1999年,义乌中国小商品城被认定为浙江省重点市场,金华商城为浙江省区域重点市场。

2000年,省重点市场义乌中国小商品年成交金额211.97亿元,名列全国各类市场之首;出口交货值超过80亿元,直销130多个国家。永康中国科技五金城年成交金额100.6亿元。金华商城、金华市农产品批发市场、义乌农贸城、东阳浙江缝配城、浙中建筑物资市场(东阳)、磐安香菇市场成为省区域性重点市场。金华市粮食批发市场以4千米铁路专用线为依托、营业面积达1.8万平方米,全年市场成交额6.3亿元,成交量50万吨,成为浙江省内饲料、粮食成交量最大的批发市场之一。是年,网上业务和外贸交易成为各大市场的增长要素。2001年10月，国际商贸城(福田市场园区、第六代小商品市场) 一期工程开工建设，2002年10月建成开业。并举行首届国际小商品博览会，是国内最大的饰品、工艺、玩具、花类集散中心。

2003年，全市拥有“省百强市场”11个，星级文明市场78个，义乌中国小商品城城为浙江省内唯一的五星级市场。金华颐高数码广场、义乌农贸城、义乌人才市场、永康中国五金城中心市场被认定为四星级市场。网上交易加快发展，科技五金城“今日五金”网站日均访问量5万多人次。上海、江苏游客来义乌、永康观光购物量日渐增多。浙江中国小商品城集团股份有限公司 (简称“小商品城”) 正式在中国证券交易所挂牌交易。是年，义乌中国小商品城建立市场商品准入机制，全国推行信誉卡制度；国家质检总局授予中国义乌中国小商品城“重质量、守信用”称号。

2005年，全市共有各类市场387个，其中消费市场337个(含批发市场29个)生产资料市场38个，服务市场2个，生产要素市场10个，市场建筑面积445.62万平方米。全市共有市场摊位数1.89万个，市场经营户1.2万户，商品交易市场年成交金额899.1亿元；其中全市消费品市场成交额540.93亿元，金华市区成交金额163.39亿元；生产资料市场成交额358.06亿元。金华市区各市场成交金额64.83亿元。农贸市场共163个，年成交额89.58亿元。是年，全市有超亿市场39个，其中消费品市场26个，生产资料市场13个，超5亿元市场22个，(其中消费品市场13个，生产资料市场9个)，超10亿元市场14个，其中消费品市场7个，生产资料市场7个；超百亿元市场2个。超亿元市场总成交额800.79亿元，占全市商品交易市场总成交额的89%。义乌中国小商品城年成交额288.49亿元，永康中国科技五金城年成交金额为230亿元。市场网站注册会员10.51万个，网站日均访问量30.9万人次，网上交易额1.33亿元。金华市作为市场大市地位日渐确立。2005年，义乌中国小商品城成交额288亿元。连续15年位居全国工业品批发市场榜首。在国内北京通州区、新疆乌鲁木齐、山西太原、陕西西安等地，国外南非中华门等地共设立分市场26个。

2013年2月，省工商局认定义乌中国小商品城为浙江省唯一的五星级市场。7月23日，中国科技五金城入围浙江省第三批现代服务业集聚示范区。

2015年，全市共有各类市场458个，其中商品交易市场446个(包括消费品市场387个，生产资料市场55个，服务市场4个)；生产要素市场5个，网上交易市场7家。市场摊位数164708个，市场经营户136202户。全市市场成交额为2725.84亿元，个数和成交额均列全省第四位。超亿元市场共有74家，成交额为2564亿元。超百亿元市场为义乌中国小商品城、永康中国五金城、浙江永康中国五金商城3家。省重点市场义乌中国小商品城、永康科技五金城、义乌家具市场3家；省重点培育市场浙中建筑装饰材料市场；区域性重点市场9家，分别为义乌农贸城、金华农产品批发市场、金华市浙中家俬居室用品市场、金华商城、义乌汽车城、金华比奇虚拟数字产品交易市场、永康废旧金属材料市场、浙江浙八味特产市场、浙江东阳缝配城。

中国(义乌)国际商贸城

企业改革

1979年,金华地区在7家国营工业企业和14家二轻工业企业进行扩大企业自主权和实行利润留成试点。1980年,全地区国有工业企业扩权试点扩大到31家。扩权的主要内容为:在实行国家计划前提下,允许企业根据条件补充计划;生产能力有富余时,企业可承担协作任务和来料加工;实行企业利润留成;逐步提高企业固定资产折旧;实行固定资产有偿占用制度;实行流动资金信贷制度;鼓励企业发展新产品;企业有权按国家劳动计划指标择优录用职工,行使奖惩处分;企业有权任免中层干部,按需要决定设置机构;支持企业外引内联。1981年10月,国务院批准国家经委、国务院体改办《关于实行工业生产经营责任制若干问题的意见》。是年,全地区有180家企业实行各种形式的经济责任制。1982年1月,中共中央、国务院发出《关于国营工业企业进行全面整顿的决定》,同月,地委召开全地区企业整顿工作会议,并在64家国营工业企业中开展第一批试点工作,推广首都钢铁经验。1984年,金华、兰溪等一些企业开始试行厂长责任制。1985年,全市有64家工业企业推行厂长负责制,1986年,全市推行兰溪市企业工资总额与经济效益挂钩的经验。国家经委在兰溪召开“推行经济责任制,搞活企业内部分配”座谈会,肯定兰溪的经验和做法。1988年10月,国营兰溪化工厂改组为浙江凤凰化工股份有限公司,为全省首家推行规范化股份制试点企业。11月,尖峰水泥集团改组为尖峰水泥集团有限公司。1990年,12月19日,浙江凤凰化工股份有限公司股票在上海证交所上市交易,成为全国第一家异地上市公司,是上海证券交易所“老八股”之一。1991年起,逐步推行“三项制度改革”(国有企业劳动人事、工资分配制度,劳动保险,经营机制)。1992年,全市企业开展转换企业经营机制工作,进一步落实企业自主权。12月,尖峰集团成为全国首批13家股份制试点单位之一。

1994年初,市委、市政府出台《关于市区国有、城镇集体企业实行股份合作制的通知》,并选择27家企业进行试点,开始以产权制度为突破口的企业改制工作。7 月，浙江尖峰水泥股份有限公司股票在上海证券交易所上市交易。1995 年，市区 183 家工业企业中，有 84 家进行多种形式的产权制度改革，其中，组建企业集团 13 家、兼并企业 21 家、破产企业 6 家、合资“嫁接”改造企业 24 家、现代企业制度试点 2 家。1996 年，在学习借鉴山东诸城企业改制经验后，市委、市政府对原有的企业改制政策进行规范和完善，出台《关于市区国有、城镇集体企业股份合作制改革若干政策规定》，加大以股份合作制为主要形式的企业产权制度改革力度，改制的步伐明显加快。1997 年初，市委、市政府及时把企业改革的重点转到以企业制度创新为目标的转换企业经营机制上来。同年 4 月，浙江广厦建筑集团股份有限公司股票在上证交易所上市交易。1998 年，市区已改制企业有 80%以上通过企业转换经营机制工作考核评价。4 月份，市区推出 41 家企业向外公开招商出事，13 家企业与购买方签订转让合同，使 3 亿多元资产得以盘活，3000 多名在职职工和退休人员得到妥善安置。2000 年，全市国有、城镇集体企业 1469 家，已改制企业 1442 家，其中国有企业 541 家，已改制 525 家；城镇集体企业 928 家，以改制 917 家。全市国有、城镇集体企业资产优化重组为重点的产权制度改革基本完成。12 月，市政府下发《关于深化市区企业改革，进一步理顺

电动车生产线

劳动关系的若干意见》，对理顺劳动关系的范围、对象、一次性经济补偿金的标准和支付形式、托管人员的缴费办法和待遇等做出明确的规定。

2001年，以理顺劳动关系为重点的企业改革全面推开。2002年全市建立新型劳动关系的国有、城镇集体企业1208家，已经转换身份，建立新型劳动关系1053家，基本完成国有企业改制。5月，中国义乌小商品城集团股份有限公司成功上市。2004年3月，浙江铁牛股份有限公司成功收购黄山金马集团有限公司和黄山金马股份有限公司，实现借壳上市。4月，浙江康恩贝制药股份有限公司在上海证券交易所上市交易。12月，浙江能达利集团有限公司控股中国时装控股有限公司在新加坡创业板挂牌上市，实现金华企业赴海外上市零的突破。

2015年，全市完成规模以上工业增加值973.6亿元，与全省平均水平持平。完成规模以上工业总产值、工业销售产值分别为4927.5亿元、4630亿元，均列全省第五位。高新技术产业、先进装备制造业增加值同比分别增长3.2%、4.3%，占规模以上工业增加值比重分别为31%、37.52%。呈现“稳中有进、稳中向好”的发展态势。

境内上市企业

金华境内上市公司一览表

表 3

序号	公司名称	股票简称	股票代码	上市时间
1	浙江尖峰集团股份有限公司	尖峰集团	600668	1993 年 7 月
2	浙江广厦股份有限公司	浙江广厦	600052	1997 年 4 月
3	普洛药业股份有限公司	普洛药业	000739	1997 年 5 月
4	浙江中国小商品城集团股份有限公司	小商品城	600415	2002 年 5 月
5	浙江康恩贝制药股份有限公司	康恩贝	600572	2004 年 4 月
6	横店集团东磁股份有限公司	横店东磁	002056	2006 年 8 月
7	浙江东晶电子股份有限公司	东晶电子	002199	2007 年 12月
8	华谊兄弟传媒股份有限公司	华谊兄弟	300027	2009 年 10 月
9	浙江金利华电气股份有限公司	金利华电	300069	2010 年 4 月
10	浙江万里扬变速器股份有限公司	万里扬	002434	2010 年 6 月
11	金字火腿股份有限公司	金字火腿	002515	2010 年 12 月
12	义乌华鼎锦纶股份有限公司	华鼎股份	601113	2011 年 5 月
13	浙江开尔新材料股份有限公司	开尔新材	300234	2011 年 6 月
14	浙江哈尔斯真空器皿股份有限公司	哈尔斯	002615	2011 年 9 月
15	浙江巨龙管业股份有限公司	巨龙管业	002619	2011 年 9 月
16	道明光学股份有限公司	道明光学	002632	2011 年 11 月
17	浙江棒杰数码针织品股份有限公司	棒杰股份	002634	2011 年 12 月
18	浙江世宝股份有限公司	浙江世宝	002703	2012 年 10 月
19	浙江花园生物高科股份有限公司	花园生物	300401	2014 年 10 月
20	浙江唐德影视股份有限公司	唐德影视	300426	2015 年 2 月
21	浙江中坚科技有限公司	中坚科技	002779	2015 年 12 月

民营经济

1979年，金华个体工商户恢复登记，城区登记发照119户，流动售货摊29个。1984年底，金华个体户超5万。随着市区个体经营户不断发展，人民广场通道被开辟为小商品市场。1988年颁布《私营企业暂行条例》，金华开始办理私营企业登记。私营企业以雇工8人以上和具有一定资金(市定2万元以上)区别于个体工商户。当年全市私营企业339家。

20世纪90年代中期，金华在全省率先进行企业改制，一大批国有企业、集体企业和乡镇企业实行产权制度改革。随着股份制企业加入，全市民营经济队伍进一步壮大。1994年金华迪耳药业等7家试点企业开始股份合作制改革。1998年，金华市委、市政府下发《关于加快发展个体私营经济的通知》，明确把发展个体私营经济作为经济发展战略重点，在信贷、用地、财税等诸多方面出台扶持政策。1992年至1999年，金华民营经济总量以年均60%增速高速增长，1999年底，全市挂浙江省名的民营企业达162家，居全省首位，其中16家跻身全国500家最大私营企业行列。

2002年，“浪莎”袜业成为金华第一个中国驰名商标。2003年，“双灯”毛纺成为金华第一个中国名牌产品，这是金华品牌战略的成果和新起点；第二届中国县域经济论坛在东阳横店召开，中央政策研究室副主任郑新立在会上以金华为例，阐述浙江块状经济的重要意义。金华汽摩配、义乌小商品、永康五金、武义文体用品、浦江水晶、东阳建筑、兰溪建材和纺织，在全省甚至全国都创建了较高的知名度。2007年，金华市委、市政府全面实施“创业富民、创新强市”战略，采取放开市场准入、降低创业门槛、培育创新创业主体、搭建创新创业平台等具体扶持政策。

2015年新增民营企业1980家，全年有实绩进出口民营企业6581家，新增进出口主体1237家，进出口额达136.54亿美元。民营企业出口459.64亿美元，同比增长22.43%，出口占比96.42%。市场采购企业是民营企业的主力军，在出口前100名企业名单中，有89家为市场采购企业，合计出口259.17亿美元，占民营企业出口的56.4%。

县域经济

金华市区工业门类比较齐全，1990年有电力、化学、医药、冶金、机械、建材、纺织、食品等14个门类；乡及以上企业有309家，产值千万元、利润百万元以上的企业有28家，独立核算工业年均拥有固定资产原值160多万元，年平均产值340多万元。2001年，市区(包括婺城区、金东区、开发区)规模以上企业177个，工业总产值占全市19%。市区工业形成八大主导产业：以尼奥普兰、康迪、金飞、万里扬为龙头企业的汽车、摩托车及零配件制造业，以华丰、东精工为龙头企业的工量具、五金加工制造业，以康恩贝、耐司康药业、星腾、瑞星为龙头企业的医药(氟)化工行业，以金华双汇、佳乐、李子园、爱斯曼、金狮为龙头的食品加工业，以金鼎织造、航艇纺织为龙头的纺织行业，以尖峰、金园、金利华、金莱镀膜为龙头企业的电子、新材料行业。

兰溪市工业主要行业有纺织、建材、冶金、医药、化工等。兰溪市工业经济总量一直以国有、集体工业为主，20世纪80年代中后期，兰溪的村及村以下工业发展加快，国有、集体工业比重开始下降，但仍占七成以上。1986—1992年，兰溪市工业总产值在全市总量的占比都处于首位，是全省县市中效益较好的县级市。冶金行业工业总产值占全市90%以上。1995年，随着国有、集体企业的改革不断深入，而个私企业发展缓慢，工业总量逐年下降。2014年，在转型升级上下大功夫，开展服务企业“春风行动”，解决企业发展难题124项。技改投入占工业投资比重达到61.1%，万元GDP能耗下降9.5%，降幅居金华市首位；新产品产值、高新技术产业增加值、装备制造业增幅均列金华市第二；战略性新兴产业增加值40亿元，总量居金华市第二。列为综合性“腾笼换鸟”省级试点县，锡箔行业整治列入省第一批传统块状行业“腾笼换鸟”试点。建立工业企业产出效益评价体系，出台全省首个地方性用能确权标准，完成重点企业能源监测体系建设。

义乌市在20世纪80年代前，工业经济基础相对薄弱，结构单一，只有化工、造纸、制糖为主的国有经济和制鞋、服装、机械为主的集体经济。20世纪80

年代起，个体私营工业逐步兴起，成为推动义乌经济发展的主动力之一。随着改革开放的深入和义乌小商品市场的崛起，出现“千家百户”兴办工商业热潮，个体工业依托小商品城，由“前摊后厂”发展到“村村办厂”的经营模式，由“规模小、档次低、布局散”的家庭作坊式经营，发展到小而精、小而专的特色经济。小商品市场规模不断扩大。2013年，义乌确立国际贸易综合改革试点。2014年，规模以上工业总产值847.1亿元，销售产值805.1亿元。纺织业、纺织服装服饰业、文教工美体育和娱乐用品制造业、其他制造业、橡胶和塑料制品业、化学纤维制造业、电气机械和器材制造业、金属制品业等主要行业实现产值占全市规模以上工业产值的74.5%。开新增各类科技主体138家，实现技术市场交易额1亿元，入围省创新型试点城市。

东阳市在工业总量中所占比重较大的有电子信息、化工、服装、纺织、医药五大产业群。纺织工业优势明显，化学工业特别是氟化工形成系列产品。木雕和竹编是东阳市两大传统行业，饮誉海内外。村以下工业发展较快。1995年起，东阳磁性材料行业发展较快。2002年，磁性材料总产值达28.76亿元，主要产品有14个门类，中型企业有30家。产量占全省的50%。2014年，全市425家规模以上工业企业主营业务收入419.45亿元，规模以上工业新产品产值117.72亿元。全年服装产量9841万件，木质家具产量8.03万件。被列为全省首批“两化”深度融合国家示范试点区域。

永康市在20世纪80年代，以国有工业为主。以大型国有企业永康拖拉机厂为龙头组建四方集团公司。四方牌手扶拖拉机远销东南亚。90年代初，永康个私、私营工业以小五金家规制造为主，得到跨越式发展。1996年起，金属制品及汽摩配行业工业迅猛发展，组建正宇、星月、铁牛、步阳、王力集团等龙头企业。2000年，永康市工业总产值占全市总量的23.7%，列全市第一位。2014年，规模以上工业企业618家，亿元以上工业企业176家，大中型工业企业91家。规模以上工业企业完成工业总产值907.1亿元，大中型企业实现工业总产值511.3亿元。被授予“中国五金之都”“中国门都”“中国口杯之都”“中国电动工具之都”“中国休闲运动车之都”“中国家居清洁用品之都”“中国炊具之都”等称号。

明代宋濂称浦江为“天地间秀绝之区”，是全国著名“中国书画之乡”和“中国民间艺术之乡”。20世纪90年代，建成书画一条街，形成独具特色的浦江书画市场，书画产业蓬勃兴起。浦江县水晶玻璃业是浦江5个"千家万户"产业之一,全国灯饰用珠85%以上由浦江提供;水晶工艺品产量占全国一半以上。浦江成为全国最大的水晶玻璃产品加工基地和原材料集散地,是名副其实的"水晶玻璃之都"。浦江绗缝业起步于20实际70年代末。国外市场上的绗缝工艺产品,80%是浦江生产的。浦江县被中国纺织工业协会列为纺织产业集群试点地区,授予"中国绗缝家纺名城"称号。绗缝业已成为浦江最大的支柱产业。其他尚有机械、棉纺、文教用品、水晶工艺品、灯饰等制造业。2000年后,浦江制锁业发展较快,2002年,浦江县在郑宅建立锁具工业园区。浦江梅花锁业集团是国内挂锁行业产销量最大企业之一。

武义县传统工业有萤石开采、建材和棉纺。近年来,着力打造生态旅游、温泉养生等文化产业。获"2013浙江年度旅游发展十佳县(市、区)"称号。2014年,获得"世界养生旅游胜地"称号。

磐安县主要有化学、制药工业。1996年起,食用菌绿色食品加工业、塑料饰品制造业有所发展。磐安县在生态建设方面成效显著,创建省级生态循环农业示范县、省级农业标准化综合示范县,旱粮生产经验及轮作模式在全省推广。获得全国农村集体"三资管理"示范县。创建"中国茶文化之乡"和"中国高山茭白之乡"。举办药交会和浙江省药膳大赛。建成全国首个香榧电子交易平台。

近年来,金华深入实施"群城聚市"战略,突破县域经济格局,促进产业集聚、要素集约、产城联动、功能集成,让城市能级强起来、城市融合快起来、城市活力迸发出来。

支柱产业

新中国成立后，金华工业仅有电力、金属加工、棉纺、服装、制皂、制糖、酿造、烟草、火腿、电池、印刷、陶器等10多个业别。20世纪90年代，初步形成门类比较齐全，布局渐趋合理、生产能力初具规模的工业体系。传统产品金华火腿、东阳木雕、竹编焕发生机，化工、建材、纺织、机械、医药等现代工业竞相发展。1990年，全市工业共有32个行业，纺织、食品、机械、化学、医药为五个支柱行业。纺织企业355家，产值占全市工业总产值的18.2%；食品生产企业437家，产值占全市工业总产值的10.38%；机械制造企业874家，产值占全市工业总产值的25.3%；医药及化学企业335家，产值占全市工业总产值的16.4%；五大行业工业总产值占全市工业总产值的70.34%。1995年，全市制造业有28个大类，企业2719家，产值占全市工业总产值的98.2%。1997年，全市机械制造(含汽摩配)企业252家，产值占工业总产值的27.39%，占工业总量的25.47%。轻工、纺织、化工3个行业总产值占总量的45.38%。1998年，金华医药行业总产值居全省第四位，利润居全省第三位。2005年，全市规模以上制造企业2907家，总产值1259.4亿元，占全市规模以上工业企业总产值的90.10%。有机械制造业、医药化工业、金属冶炼及压延加工业、金属制品业6个支柱行业，总产值占制造业总量的77.3%

改革开放新时期，金华深入实施“群城聚市”战略，促进产业集聚、要素集约、产城联动、功能集成，各县(市、区)都有特色鲜明的县域经济，形成制造业产业集群、日用小商品产业集群、五金产业集群、医药产业集群、食品加工产业集群、电子产业集群、建筑产业集群等产业集群。至2015年形成纺织工业、轻工业、食品工业、化学工业、建材工业、冶金工业、机械制造业、信息产品制造业、医药工业等9大支柱产业，着力培育信息网络经济产业、先进装备制造业、健康生物医药产业、文化影视时尚产业、休闲旅游服务产业等“五大千亿”工程。2015年全市支柱产业情况如下：

纺织工业 全市规模以上纺织企业1010家，总产值1008.99亿元，形成兰溪棉纺织、义乌针织及袜业、浦江绗缝等产业聚集区。兰溪牛仔布产量居全省第一，占全国七分之一，纯棉弹力休闲面料产量居全省第一，荣获了“中国牛仔面料出口共建基地”称号。义乌是“全国无缝织造产业知名品牌创建示范区”。

轻工业 全市规模以上轻工业企业2430家，产值2333.59亿元。主要有纺织、家具、造纸、家用电器、食品、文教体育用品等行业。家具行业以东阳木雕为代表的红木家具制造产业最具优势。文教体育用品以永康、武义总量居前；塑料制品、造纸和印刷业以义乌、市本级位列前茅，磐安的塑料制品业颇具特色；轻工业总量义乌、市本级和永康居前三位。

食品工业 金华市规模以上食品工业企业97家，产值126.67亿元，有农副食品加工业、食品制造业、饮料制造业三个子行业，农副食品加企业42家，实现工业总产值64.23亿元，销售产值59.88亿元。食品制造业企业40家，实现工业总产值44.8亿元，销售产值42.5亿元。全市饮料制造企业15家，实现工业总产值17.64亿元，销售产值16.9亿元。饮料制造业企业主要集中在金华市区，主要产品是乳制品和饮料、酒。

化学工业 全市规模以上化工原料及化学制品制造业企业149家，产值177.55亿元，销售产值165.09亿元，出口交货值38.37亿元，产销率92.98%。主营业务收入156.49亿元，行业利税率是全市平均值的1.5倍，高于其他行业。全市化工企业有销售收入超亿元企业6家，分布在市本级、东阳、兰溪、永康和武义。氟化工产品已成为金华化工行业主导产品。

建材工业 全市规模以上建材企业146家，产值36.3亿元，销售产值30.27亿元，完成出口交货值2.86亿元，产销率83.38%。建材行业主要产品水泥总产量1574.29万吨，供应预拌混凝土1042.71万立方米。拆除粘土砖瓦窑5座，淘汰落后产能1.5亿标砖，共节约土地9570亩；节约能源35.9万吨标煤；减少废气排放0.9万吨；利用工业废弃物625万吨。

冶金工业 全市规模以上冶金企业171家，产值378.5亿元，销售产值356.1亿元，产销率94.08%。

机械制造业 全市规模以上机械企业1372家，产值1809.51亿元，销售产值1686.93亿元，主营业务收入1608.32亿元，出口交货值528.61亿元。全市286家高端装备制造业企业实现产值467.68亿元。其中新能源汽车及先进交通装备制造业实现产值179.11亿元，铁牛集团全年生产汽车整车22.29万辆，产值115.34亿元，成为金华首家百亿规模企业。现代医疗设备与器械行业实现产值13.8亿元。现代物流装备制造业实现产值12.35亿。主要指标均优级于面上发展水平。金义都市新区旳丰新能源新开发的省级高端装备制造业首台（套）产品“大公斤LED晶体生长炉”为国内首款，2015年累计实现产值9800余万元，产品附加值高达40%以上。开发区的闪铸三维科技主营桌面级3D打印机的研发与生产，处于国内顶尖水平，且全部为自主知识产权，在9月全国创新大赛中获得制造行业第二名。金华有10只产品入选2015年省高端装备制造业首台（套）产品，总数居全省第3位；省级企业技术中心创新能力建设项目全省立项30项，金华占4项。金华已创建装备类省重点产业技术联盟3个，省高端装备制造业特色基地2个。

信息产品制造业 全市电子信息制造企业222家，产值392亿元，利润总额22.2亿元。电子信息制造企业产值5亿元以上企业9家。东磁集团产值超80亿元，跻身中国电子信息百强企业和中国电子元件百强专利水平排名前十强。得邦照明入围浙江省电子信息制造业30家重点企业和浙江省电子信息出口10家重点企业。

医药工业 全市健康生物医药产值722.03亿元，其中化学医药制造业产值212.47亿元。尖峰药业增长55.74%，普洛得邦制药增长72.18%，优胜美特增长27.71%，康恩贝、普洛股份、尖峰药业、花园股份四家医药上市公司实现产值76.9亿元，占全市医药行业产值的70.8%，实现利润12.35亿元，占全市医药行业的82.8%。

优质品牌产品

1981年起，国家对各系产品进行评奖。至1991年，金华市获得国家优质产品奖12种。1998年，在首届中国食品博览会上，金华市获奖产品30种，其中金奖8种，即萌芽牌一级茉莉花茶、松鹤牌寿生酒、金华牌火腿片、锣鼓洞牌寿生酒、兰江牌99%结晶味精、东岘牌特制金华蒋腿；获银奖11种，铜奖10种。

1993年，浙江开始评选省名牌产品，四方牌工农12型手扶拖拉机、凯旋牌燃气灶具、高龄牌前列康获首批浙江名牌产品。1994年，好来西牌衬衫、丰登农用碳酸氢铵、双牛牌输送带、牛石牌425号普通硅酸盐水泥荣获第二批浙江名牌产品。1996年，获浙江省品牌产品17种。2001年，获浙江省名牌产品14种。2002年，获浙江省名牌产品21种。2003年，获浙江省名牌产品24种。是年，浙江双灯家纺有限公司(原兰溪毛巾厂) 生产的双灯系列产品成为金华市首个中国名牌产品。2004年，全市获中国品名牌产品有浪莎针织有限公司生产的浪莎牌袜子和浙江能达利集团有限公司生产的能达利牌衬衫。2005年，获中国名牌产品的有浙江李子园牛奶食品有限公司的李子园牌液体奶，浙江新光饰品有限公司生产的新光牌金属镀层流行饰品，王力集团有限公司生产的王力牌安全门，步阳集团有限公司生产的步阳牌安全门。浙江康恩贝制药有限公司的“前列康”商标获中国驰名商标。获国家免检产品有10种。全市累计获浙江省名牌产品51种，获浙江省著名菜商标60种。2015年，实现中心镇和经济强镇品牌指导站全覆盖，新增注册商标3.2万余件，累计数超过17.5万件，商标注册总数稳居全省第三位，新增注册商标增速位居全省第一。新认定驰名商标10件，总数达59件；新增省著名商标34件。省级专业商标品牌基地3个，新培育金华市著名商标123件，创历史新高。义乌获评全国唯一的县级局“商标保护金奖”“义乌中国小商品城”实现金华市服务业驰名商标零的突破。新申报“乐乐小镇”“义乌红糖”“金华酥饼”“金华两头乌猪”“金华黄酒”“婺州窑”等地理标志证明商标。

进出口贸易

金义新区电商跨境通

中华人民共和国成立初期，金华出口商品以萤石、毛猪为主，另有火腿、桐油、青油、蜜枣、箬皮、猪鬃及中药材等近20种。1953年2月，义乌、兰溪设收购分站，负责全专区外销毛猪、鸡蛋等商品收购调拨工作。金华运沪外销猪数量占全省65%以上，其中大部分运到上海加工成冻肉出口。20世纪50年代中期，金华地区的木雕、竹编、罐头、绣花茶巾等工业制品相继出口。1960年，出口商品增至80多种，收购金额861万元。

20世纪70、80年代，金华出口商品按省外贸收购调拨计划，由市、县外贸公司组织收购后，向上海、天津等口岸挑拨供货。金华火腿、茉莉花茶、东阳木雕，兰溪金丝枣、义乌南枣，武义萤石、蜜梨等产品在国际上享有盛誉。

1988年6月，金华市进出口公司成立，成为金华第一家拥有自营进出口经营权的企业，8月，兰溪市外贸公司获进出口经营权，从而结束金华地区长期以来只能为出口供货的局面，开始自营进出口。

20世纪90年代，外贸体制改革，金华外贸进出口经营主体迅速增加，进出口业务快速增长。1991～1995年，全市累计完成进出口总值5.68亿美元，其中出口49392万美元。1995年，有商品出口国家或地区73个；出口商品中，工业制成品占87.3%。全市外贸依存度6.85%。

1995—2000年，开放型经济长足发展，全市累计完成进出口总额29.33亿美元，外贸出口年均增幅31%。2000年，全市自营进出口企业599家；商品出口国家和地区增至157个。出口商品中，工业制成品占95%；形成机电、纺织服装、磁性材料三大类出口超亿元产品的主导出口产品。全市外贸依存度10.95%

2015年，全市实现进出口总额490.6亿美元，其中出口476.7亿美元，进口13.9亿美元。进出口、出口增幅均居全省首位，出口总额居全省第二。出口占全省的比重为17.23%，拉动全省出口增速提高了2.9个百分点。全市一般贸易出口182.83亿美元，加工贸易出口9.75亿美元，市场采购出口284.1亿美元，拉动全市、全省出口提高了23.32%、.38%。金华跨境通平台出境邮件总计897.27万件，通关金额为6437.77万美元，最高日通关量为7.2万件；义乌跨境通平台出境邮件总计1372.2万件，通关金额为5897.06美元。拥有省级跨境电商园区9个、公共海外仓建设试点单位14家。进口以原材料为主，美国、越南、老挝和日本是主要进口市场。从进口产品看，以原材料为主，铜及制品、棉纱、塑料及其制品、原木和铝废碎料是主要进口产品。

现代服务业综合试点

2014年7月9日，财政部、商务部批复金华为现代服务业综合试点，积极探索现代服务业发展有效模式，重点打造全国电子商务中心、长三角内陆港现代物流中心、中国服务外包示范城市。组建国家现代服务业综合试点配套公司——金华市现代服务业投资发展有限公司，组建总规模10个亿的“母基金”——浙江金华信息经济投资基金，首期5亿元已到位，市服投公司出资3亿元，实现了金华基金设立的“零突破”。赛伯乐浙江互联网创新中心、北京大学（金华）信息科技园、中国移动金义通信产业园、浙师大网络经济创业园等一批重大项目入驻。特别是菜鸟网络科技公司在金义都市新区建设的“中国智能骨干网”一级枢纽节点——菜鸟·金义电子商务新城正式投入使用，对接淘宝、天猫网销系统，“让全中国任何一个地区24小时内送货必达”的“中国智能骨干网”建设迈出坚实一步。在第二届中国县域电子商务大会上，金华电子商务创业园、真爱网商创业园荣获“2015朱雀奖——电子商务园区十佳创新奖”。2015年全市建有各类电商园50个，全市现代服务业呈现集聚发展良好势头，“丛林效应”凸显。金华成为全省继杭州、宁波之后的第三个跨境贸易电子商务（出口）服务试点城市。

2015年，全市实现服务业增加值1726.33亿元，增长10.5%，增速列全省第三。实现网络零售额1344亿元，增长58.43%，占全省网络零售额的17.66%，全省排名第二。居民网络消费额394.91亿元，位列全省第四。快递业务8.46亿件，列全国第八，业务范围覆盖全球682个城市和地区。阿里研究院公布2014年中国“电商百佳城市”榜单，金华市跻身前三强。2015年11月召开的2015全球服务外包大会发布“中国服务外包风采城市”榜单，金华市入选“中国服务外包发展最具潜力城市”。财政部、商务部2015年现代服务业综合试点绩效评价中，金华得分排名居全国十大试点省市之首，继续被评为优秀等级。

网络经济

金义网络经济学院

2001年10月21日，金华农网开通。2003年5月，移动源东白桃网站开通。2004年8月，建设永康五金工业园区信息化项目。2013年5月16日，召开全市网络经济发展大会，成立国内首家网络经济发展局，把网络经济作为金华转型发展的"一号产业"来抓。

2013年，金华荣获"全国十大电子商务城市"称号，入选首批国家信息消费试点市，婺城区、义乌市被评为首批"省级电子商务示范县(市、区)"；市高新技术产业园区被评为"全国十大电子商务产业园"；金华比奇网络技术有限公司(对应网络平台为"5173")、银泰电子商务公司列2013年中国互联网百强，中国食品网被评为"中国电子商务示范企业"。

2014年，《浙江省电子商务产业基地名录》公布全省88个电商基地，金华占22个，成为浙江电商基地第一大市。5月，海关总署正式批复金华开展跨境贸易电子商务服务试点工作；7月1日，金义都市新区跨境电子商务通关服务平台投入运行，成为全省第3个"国字号"跨境电商平台。12月9日通关量首次达45527票，成为全国30余个城市中首个日通关量持续突破4万票的试点城市。金华以唯一一个地级市跻身“中国电子商务十强城市”。阿里研究院2014年“中国电商百佳城市”榜单中，金华位列第3，在省内排第1位，网商指数排全国第1，有6个县市入围“2014年中国电商百佳县”，其中义乌列第1位、永康列第3位，东阳列20位，武义列22位，浦江列25位，磐安列72位。11月19—20日，中共中央政治局常委、国务院总理李克强到义乌江东街道青岩刘村和国际商贸城调研，对金华网络经济发展表示肯定和鼓励。

2015年，金华信息经济产业规模达4156亿元，电子商务交易额3360亿元（网络零售额1344亿元，居全省第二）。与电子商务紧密相关的快递业务量达9.71亿件，居全国第6位，收入达76.8亿元；全市电子商务企业4.6万家，软件与信息服务业企业4106家，网商30多万户。全市年交易额超亿元的跨境电商企业6家，年交易额超1000万元以上的11家。海川计算机成为全国最大的网吧管理服务企业，闪铸科技成为全国桌面3D打印最大企业，唯见科技发布了国内唯一一款拥有九轴高速传感器的手机端虚拟现实（VR）眼镜。

全市有信息经济园区79个，园区数量位居全国第二，基本形成了电子商务、网络游戏、视频社交、软件开发、服务外包等网络经济产业：以5173为龙头的游戏服务业，以9158（浙江天格信息技术有限公司）和长风信息为代表的视频娱乐业，以合丰信息科技为代表的国际服务外包业，以中国食品网为代表的行业B2B电子商务，以金义“跨境通”为代表的跨境电子商务，以阿里巴巴“菜鸟”为代表的智能物流业，以电信云计算和移动通信产业园为代表的通信服务产业，以及以天下谱局为代表的大数据产业。义乌为“贸易引领型”电子商务代表，永康为“制造引领型”电子商务代表。

9月7日召开的2015新网商峰会上，阿里研究院首度公布了“2015年网商创业活跃度地区排行榜”，金华位列网商创业最活跃城市第二位，义乌位列网商创业最活跃县级市第一位，永康位列第五，浦江位列第17。根据《2015年中国淘宝村研究报告》，金华的淘宝村数量居全国地级市首位，义乌的淘宝村集群排全国县（市）首位。支付宝公布2015年度全民账单，人均支付金额突破10万元的前三个城市，分别是杭州、上海、金华；全国十大“县金流”，义乌、永康占了头两名。10月21日，国务院正式批复同意设立金义综合保税区，这是继舟山、嘉兴后，又一个获国务院批复的综合保税区。

银行金融业

清同治十年(1871),兰溪义和钱庄开业,资本额4.8万元。光绪年间,兰溪瑞亨、穗茂钱庄设立。金华穗源钱庄设立,资金2万元。宣统三年(1911)大清银行在兰溪设办事处。民国时期,义乌先后设6家钱庄,义源、裕盛、源昌设佛堂,裕源、瑞丰、具昌设县城。裕盛钱庄放款业务居金华地区同业之冠。东阳设九如、恒丰祥、傅伟记和久大钱庄。宣平设联成钱庄。永康设中原、复康钱庄。金华城区有10余家钱庄。民国年间,中国银行、浙江地方实业银行和交通银行在兰溪设立分支机构。1933年,杭(州)江(山)铁路通车,金融中心由兰溪移到金华,中国银行、交通银行、中国农民银行、浙江地方银行在金华设立分支机构。1934年,金华、武义、永康3县农民借贷所建立金武永联合地方农民银行,资金额4.26亿元。义乌、东阳、浦江3县农民借贷所合并建立义东浦联合地方农民银行,资金4.92亿元。1935年,成立兰溪地方农民银行,资金6亿元。抗战期间,省级金融机构迁移永康,县办银行和外省银行在金华、兰溪设立分支机构。日伪政权在兰溪设立八婺商业银行、在东阳设立湖溪农工银行和东阳县银行。

金华解放,钱庄歇业,个别转入地下,非法经营。1950年,兰溪泰亨、穗茂钱庄经华东财政经济委员会批准恢复营业。4月,穗丰因不能支付到期债务被勒令停业。1951年,泰亨经批准转业。1979年金融体制改革,金华农业、建设、工商和中国银行4家国有银行分支机构向商业银行转轨并股份制改革。1985年,金华成立13家信用社。1996年,农业银行与农村信用社脱钩,分设农业发展银行。1997年,以金华市区4家信用社和12家农村信用社为基础组建金华城市合作银行,后更名金华市商业银行(现金华银行)。2001年,金华市商业银行收购东阳、永康、兰溪、义乌4家城市信用社,将其改为支行。是年起,兴业银行、深圳发展银行等股份制银行相继在义乌设立分支机构。2005年末,金华初步形成中央银行、政策性银行、国有商业银行和地方股份制银行并存的多层次银行体系。

2015年,全市共有各类金融机构494家,形成银行、证券、期货、保险等各类金融机构互促发展的良好局面。全年产、寿险保费总收入159.30亿元，保费总收入居全省第三。全市各项贷款余额6127.17亿元，居全省第四。全年发放“五大千亿产业”贷款178.97亿元，完成目标任务（100亿元）的178.97%。全年发放政府性重点项目贷款120.55亿元，完成目标任务（100亿元）的120.55%，有力支持了“五水共治”“二七新村棚改”等一批重点项目、重大工程建设。全市直接融资194.83亿元，完成年度任务的129.89%（其中首发融资7.226亿元，增发融资35.57亿元，新三板股权融资1.148亿元，优先股融资0.086亿元，义乌水务债2亿元，短期融资券105.8亿元，中期票据43亿元）。

银行志愿队送金融知识进社区

婺商回归

从2006年始，金华开展婺商回归工作，每年举办一次“婺商故乡行活动”，引导在外金华籍企业家加强与家乡经济社会发展对接。2010年8月5日，金华市政府下发了《关于建立金华市市外引进、婺商回归和婺商营销平台建设工作联席会议的通知》，建立了由市政府分管副市长任总召集人，市政府分管副秘书长和市协作办主任为召集人，市发改委、经贸委、科技局、财政局、人事局、劳动保障局、国土局、环保局、工商局、贸易粮食局、工商联和市协作办等市级有关部门分管领导，各县(市、区)政府、经济开发区分管领导为成员的金华市市外引进、婺商回归和婺商营销平台建设工作联席会议制度。同时成立金华市市外引进和婺商回归工作联络员制度。在浙江—江苏经济合作洽谈会暨项目签约仪式上，共签约了6个项目，其中5个项目系在外婺商回归项目，总投资额达18亿元。

金华市第二届浙(婺)商创业创新大会

2012年4月25日，召开金华市浙(婺)商回归创业创新大会。市委书记陈一新在会上作了《凝聚智慧 汇聚力量 共同开创金华赶超崛起新局面》的讲话。上海复星集团总裁、上海市浙江商会名誉会长郭广昌在内的300多位婺商将回到自己的故乡，在这里签约项目、落实意向，助推金华的发展。共计签约38个项目，包括金华汽车电磁阀、兰溪LED灯具项目、永康文化旅游城等，金华各县市区都有项目。这些签约项目特点是投资规模大、科技含量高，涉及的领域有汽车、电子、建材、纺织、环保、旅游等，总投资超过10亿元的项目有4个，在1亿元以上的项目有28个。其中，规模最大的投资项目是巨星联合控股集团有限公司在义乌的五金工具项目，拟投资25亿元，建成后这个项目每年能生产4.5亿件五金工具。会后，婺商代表实地考察了金义都市新区、多湖、湖海塘、尖峰山区块等重点规划区块。同时，授牌成立婺商回归和引进工作联络办公室，有6家金融机构将与金华市招商局签署战略合作框架协议，通过授信贷款，分5年支持婺商回归工程。在永康市龙山镇打造全省首个浙商回归创业创新园。

2013年，首批从138个报名项目中通过七步遴选法脱颖而出的10个婺商回归优质项目顺利落地，全部动工建设。2015年，金华市浙(婺)商回归产业项目到位资金260.89亿元，资本回归项目到位资金72.8亿元。引进总投资30亿元以上的吉利汽车动力总成、金华华科汽车生产基地、中兴通讯金华产业基地等6个特别重大项目，新引进总投资15~30亿元的铁牛控股集团年产20万台油电混合双离合器变速箱(EDCT)、吉利集团年产150万千瓦时新能源汽车动力电池总成、浙江中感传感器科技有限公司传感器工业园等7个特别重大工业项目，引进8000万元以上重大产业项目170个，新引进资本回归项目40个，科技人才项目288个。新签约引进北大科技园、赛伯乐互联网中心、传化物流、意大利维龙仓储物流、华灿LED光电、中广核新能源、正大集团中央厨房、中国华录、大族新能源、京兰文化、三会文化、康健医疗以及欧意电器、青雨传媒、惠盈集团等一批“五大千亿”产业与总部经济重大项目。

对外开放

改革开放之前，金华只有一家国有外贸公司，根据外贸部下达外贸收购和调拨计划组织外贸出口商品货源的收购，然后经加工、整理、包装的外贸商品向上海、天津等口岸调拨，供应出口。从1973年成立至1978年，每年全市收购的出口货源总值为3000～5000万元。对外经济合作主要是根据上级部门要求外派劳务人员承接国家对外经济技术的援助任务。

1985年11月，金华第一家中外合资企业金港名片印制有限公司成立。1986年10月，金华第一家出口创汇型中外合营企业金华竹制品有限公司成立。1988年，全国推行外贸体制改革，外贸经营权审批由外经贸部下放到各省(市)。6月，金华成立第一家拥有自营进出口经营权企业——金华市进出口公司，结束了长期以来只能供货出口的局面，开展了真正意义上的自营进出口。1989年2月，成立金华第一家台商投资企业——大振生化工业有限公司，主要生产国际市场畅销的酵素蛋白，产品全部销往海外。同月，在杭州举办的浙江省出口商品销售会上，金华市签订了第一份出口合同——与香港客户签订的1万多美元的安乃近出口合同，实现了金华市自营出口“零的突破”。3月，金华市第一次组团赴阿曼、阿联酋开展贸易洽谈活动，签订了3份出口合同，成交金额37.56万美元。

1992年，金华市加快对外开放步伐，成立对外经济开放领导小组，召开第一次全市利用外资工作会议。接着制定了《关于鼓励外商投资的优惠办法》等吸引外商投资的政策，并参加或组织了浙江省外商投资洽谈会等招商活动，先后成立了金华市经济技术开发区等7个省级开发区。1992年7月，金华市为适应对外贸易发展需要，加强对外贸易进出口的指导和管理，着手对国有进出口公司进行改制，设立金华市进出口公司粮油土畜产、纺织品、五矿机械、轻工化医和外贸5个具有法人资格的分公司，实行自主经营、自负盈亏、独立核算，企业职工的积极性大大提高。当年底，成立中国浙江国际经济技术合作公司金华分公司，这是全市第一家从事对外劳务合作

2014 年 11 月 18 日，义新欧专列首发

业务的企业。1993 年，全市取得进出口经营权的企业 15 家，生产企业 3 家，流通企业 12 家。并在当年首次承建发达国家提供的无偿经济援助项目，加拿大国际开发署(CIDA)对华援助项目——中加瘦肉型猪合作项目的建设。1994 年 10 月，创办金华第一家境外企业——中智三友有限公司，这是改革开放后金华市企业第一次对外直接投资。1999 年 4 月，金华第一家拥有对外承包工程资格的建筑企业——浙江中天建设工程集团有限公司成立。

2001 年 5 月，浙江四方集团公司中标中国援助缅甸农业机械制造厂 1.28 亿元施工总承包项目，这是金华历史上第一次有企业直接中标承建的中国大型对外援助项目。全市全年进出口总额达 9.92 亿元，出口增幅连续 3 年名列全省前茅。全市合同利用外资首次超 1 亿美元。对外直接投资出现第一个高峰年，设立境外贸易机构和企业 13 家，一批境外机构和贸易公司先后设立。2002 年，市委、市政府决定把招商引资工作作为全市经济发展战略性工作的“一号工程”。同时，杭金衢等高速公路相继开通，大大缩短了金华与上海等中心城市的距离。2002 年为金华第一个“招商引资年”，全市合同利用外资超 3 亿美元，实际利用外资首次超 1 亿美元，超过了前 3 年总和，增幅列全省第一，这在金华的发展史上具有里程碑式的意义。2007年,金华市外贸营业额超过1亿美元。

2014年，全市新批外商投资项目70个,合同利用外资5.72亿美元,实际利用外资2.78亿美元,是全省唯一一个三项指标均实现增长的地市。

2015年,金华市与全球220个国家和地区建立贸易往来关系,年进出口额482亿美元，其中出口468亿美元,对“一带一路”沿线64个国家出口215亿美元,全市国际跨境快件业务范围覆盖全球682个城市和地区。新批外商投资项目190个，合同利用外资3.49亿美元,实际利用外资2.74亿美元。外商投资融资租赁公司和外商投资性公司均实现零的突破。新批外商投资批发和零售企业144家，合同利用外资8270万美元,实际利用外资4333万美元。外商投资批发和零售企业主要集中在义乌市(137家)。从投资来源地看,香港、英国、美国、捷克、塞舌尔位居金华市实际利用外资前5位。全市核准(备案)境外投资企业(机构)48家,境外总投资11.4亿美元，其中境外投资中方投资额8.3亿美元,对外承包工程营业额4.5亿美元,期末在外各类劳务人员3746人。

2015年全市对外投资主要涉及制造业、批发零售业、影视文化业、研发及技术服务等行业。其中制造业对外投资额达5.54亿美元，占投资总额的67%。最大项目为兰溪红狮控股集团分别投资2.7亿美元和2.45亿美元设立印尼图班红狮昌兴水泥有限公司和尼泊尔红狮希望水泥私人有限公司。

2015年,全市企业共设立境外营销机构36家,占总项目数的75%。布局选择总体以金华市的主要贸易国家和“一带一路”沿线国家为主。其中美国(13家)为金华市企业营销网络布局的首选国家,中国香港8家,其他包括“一带一路”沿线的俄罗斯、阿联酋、波兰、印度、泰国,以及欧洲的德国、西班牙,南美洲的玻利维亚和非洲的肯尼亚、尼日利亚。主要涉及家用纺织品、日用品、信息科技、照明设备、汽车配件、工艺品、金属制品、生物制药、工程建设及商贸等行业企业。2015年金华市企业在“一带一路”沿线国家投资项目15个,投资金额为5.54亿美元,荣获“中国‘一带一路’最具活力城市”称号。金华邮电工程有限公司吉尔吉斯斯坦德隆电视台项目增资2000万美元,经过10年发展已成为中亚地区最具影响力海外华语电视播出平台。兰溪红狮控股集团已在缅甸、印尼、尼泊尔等国累计投资6.69亿美元建设5条大型新型干法水泥生产线项目,为金华市最大的境外项目。

经济技术开发区

金华经济技术开发区

1992年6月，建立金华市经济技术开发区，9月经省人民政府批准升格为省级开发区，更名为浙江省金华经济技术开发区。是年，浦江、义乌、武义、兰溪、东阳(包括白云商贸园区、江北高新产业园区和城北工业新区)先后建立经济技术开发区。1993年起，均升格为省级经济技术开发区。1994年，在金华经济技术开发区内建立金磐扶贫经济开发区。2010年，金华经济技术开发区升格为国家级经济技术开发区。2013年10月，金华经济技术开发区与金西经济开发区成建制整合，实行“一块牌子、统一对外，一套班子、统筹管理”。整合后的金华经济技术开发区行政管辖面积253.86平方米，下辖苏孟乡、汤溪镇、罗埠镇、洋埠镇和秋滨街道、三江街道、西关街道、江南街道，共有48个社区、195个行政村，集聚人口约45万。金华开发区是金华重要的政治、经济、文化、商贸中心，市本级经济的重要增长极。

经过10多年的发展，金华经济技术

开发区形成了金新能源汽车、健康生物产业园、信息网络经济和文化科技创意产业园等产业平台全面推进的局面。主导产业发展迅速，累计培育产值10亿元以上企业8家、新增1家，5亿元以上企业12家、新增2家，汽车及配件、电子信息、生物医药、新能源、新材料等五大主导产业累计实现产值380亿元，占总产值比重达71%，其中汽车制造及配件产值增长30%。9158(浙江天格信息技术有限公司)、5173（金华比奇网络技术有限公司)、中呼科技成功上市。北大(金华)信息科技园正式开园，软通动力等11家知名企业正式入驻；赛伯乐浙江互联网创新中心落户开发区，互联网实验室等30家企业签约入驻，成功承办中国互联网20年创业创投峰会，发布中国中小城市互联网跨越发展金华模式报告。2015年，金华经济开发区新能源汽车产业园和健康生物产业园分别完成各类投资37亿元和17.6亿元，入园企业13个，其中50亿元以上项目1个、10亿元以上项目3个。新能源汽车小镇成功入选第二批省级特色小镇创建名单，引进华科汽车、吉利动力电池等重大产业项目。健康生物产业园区域环评获批，园区实现集中供热。信息经济和文化创意产业园建设步入高端企业集聚阶段，企业总数达720家。乐乐小镇引进了唯见科技、赛伯乐浙江互联网创新中心、中兴通讯、惠盈集团、科大讯飞等国内外高科技项目与知名企业，设立产业基金8.5亿元。实施招商引资“一号工程”，全年实到内资58.2亿元、浙商回归资金29.1亿元、外资6618万美元，综合考核位列全市第一，引进亿元以上项目12个，总投资143.5亿元，其中50亿元以上项目2个，20亿元以上项目1个，10亿元以上项目1个。全年完成固定资产投资165亿元，增长15.9%，列全市第二。

金义都市新区

2012年3月，根据国务院批准《浙江省城镇体系规划(2011-2012年)》，为加快全省第四大都市区金华—义乌都市区建设，金华市成立金义都市新区管委会，作为金华市政府派出机构，负责金义都市新区的开发建设。5月，市委、市政府印发《关于加快推进金义都市建设的若干意见》，明确了新区建设的总体要求、具体举措和保障条件。新区位于长三角经济圈和海西协作区交汇点——金义黄金主轴节点，距国际大都市上海3小时车程，杭州、宁波、温州等国内一线城市都在2小时车程内。范围涉及金东区的傅村、孝顺、曹宅、塘雅、澧浦5个镇，义乌市的上溪、义亭和佛堂等3个镇，总体规划协调区总面积305平方米，总体规划区范围175平方米。

2012年8月21日，签约首批总投资142亿元的13个工业项目，11月1日，签约了首批总投资177亿元的11个现代服务业项目。12月1日，市政府与阿里巴巴集团签订战略合作协议，建设“中国•金义电子商务新城”，打造中国智能物流骨干网关键节点的首个全国样板项目。重点做好低丘缓坡综合开发利用试点工作。筹建金华市金义都市新区开发建设股份有限公司，筹备设立金义都市新区发展基金，首期规划30亿元。

2014年，新区签约27个项目，计划总投资57.3亿元，其中，引进总投资30亿元的中国移动金义信息通信产业园。实现规模以上工业产值102亿元，固定资产投资61亿元，其中工业投资22.32亿元、服务业投资38.69亿元，基础设施投资12.87亿元、房地产投资20.63亿元。

金义都市新区东华区块低丘缓坡综合开发利用项目10亿元土储贷款于12月30日获得农业发展银行总行的授信批复。该项目贷款申报创造了新区速度，较平时快了四倍，且具备金额大、利率低、期限长等特点。同时新区又与国家开发银行浙江省分行签订15亿元低丘缓坡综合开发利用项目贷款。启动金义综合保税区申报建设工作。

2015年，金义都市新区主要经济指标保持平稳增长的态势，固定资产投资、地方财政收入、工业亩产效益增幅居全市前列。6个省重点项目、6个省“411”项目、16个市重点项目、21个市扩大有效投资项目全部超额完成投资任务。全年预计实现规模以上企业产值106亿元，预计完成固定资产投资66.6亿元，其中服务业投资完成43.6亿元，预计实现财政收入7.4亿元，引进内资34亿元、外资4000万美元、浙商回归27亿元。

自2014年8月启动金义综合保税区申报，仅用14个月于10月21日国务院批准设立金义综合保税区，金华开放发展迎重大战略机遇。仅用45天时间完成一期区块古村1.5万方农房整村搬迁。12月31日召开全市综保区建设招商动员千人大会，邀请京东商城、敦煌网、西狗国际、杭州网仓等国内知名跨境电商平台高管近百人参会，达成一批意向性项目。

5月29—30日成功举办全球跨境电商大会。全球跨境电商大会会址永久落户金义都市新区，新区成为全球跨境电商产业联盟成立发起地，每年都要评比全球跨境电商30强，吸引了国内外跨境电商领军企业超200家、参会人数达2000人。全年新注册企业669家，注册资本金超1000万元有43家。全国金融服务牌照最齐全的公司之一——富友金融入驻新区，为电商企业提供全方位的金融服务。金义网络学院学生规模从500人扩大到1200多人，为电商物流产业发展提供人才支撑。金义跨境电商产业园被省商务厅列入省级特色园区，并正在积极争取国家级特色园区。天猫商超入驻菜鸟，迈开了“地网+天网”融合第一步实现智能化精准配送。新区管廊兼顾人防需要课题研究成果被省人防办和建设厅列为全省地下空间和人防工程建设的典范，将在全省予以推广。组建金义跨境电子商务发展有限公司，优化跨境通关流程，自2014年7月1日启动运行到2015年11月30日，跨境通关平台通关量达891万票，创汇7146.3万美元，其中，日出货物量峰值达到7.2万票，位列全国30多个试点城市前列。菜鸟·金义电子商务新城项目一期“双十一”正式运营。新区10个列入省“411”重大项目完成投资24.8亿元。按照“一园多点”模式，主要建设电商集聚区、物流分拨区、跨境通关区、科技创新区、生活配套区五大功能区，已入驻电商企业200多家。跨境通平台自7月1日正式运行以来，日通关量已突破4万票，位列全国30余个试点城市前列。

特色旅游

金华境内山川秀美，人文鼎盛，民俗独特，旅游资源非常丰富。在古代，就多有文人墨客到金华寻奇访景。唐代诗仙李白就有"闻说金华渡，东连五百滩。全胜若耶好，莫道此行难。"的诗篇描绘金华景色。明代旅行家徐霞客所著《徐霞客游记》也详细记述了他在金华北山一带旅行的见闻。

20 世纪 70 年代末，现代旅游业兴起，金华逐步形成了具有地方特色的旅游市场发展战略。1994 年，双龙风景名胜区被国务院审定公布为国家重点风景名胜区。2001 年，金华市获中国优秀旅游城市称号。2004 年，永康方岩风景名胜区被公布为国家重点风景名胜区。2010 年，东阳横店影视城被国家旅游局授予 AAAAA 级旅游景区称号。截至 2014 年底，全市共有 AAAAA 级景区 1 家，AAAA 级景区 12 家。2014 年，金华市将旅游业列为全市战略性支柱产业。

"海外名校学子走进金华古村落"活动

2015年，金华市将休闲旅游服务业列为重点培育发展的五大千亿产业之一，通过发展特色旅游，带动新型城市化、新型工业化、网络信息化、农业现代化和文化产业化。通过与携程网开展战略合作，利用“互联网+”模式发展精品旅游，推出精品线路6条，自由行线路17条。在上半年就实现网上销售金额1.3亿元，推送游客7.5万人。通过统筹推进金华山旅游经济区、仙源湖、兰溪兰湖、磐安云山、东阳东白山等度假区开发建设，带动地区新型城镇化发展，例如东阳花园村制订实施村规划方案，打造全域性休闲旅游景区，加速推进小城镇形成壮大。通过旅游与文化资源的有机结合，促进文化资源实现经济效益、社会效益。大力开发古村落文化旅游产业，2015年开始开展的“海外名校走进金华古村落”项目，来自全球各地的高校师生走进金东区琐园村、婺城区寺平村、武义俞源村、兰溪芝堰村，体验金华文化魅力。大力发展现代农业旅游，万象花卉、锦林佛手等农业龙头企业以生态农业资源为基础，吸引大量游客参与、体验感受现代农业文化，取得良好经济效益。按照旅游景区标准打造工业生产基地，金华金字火腿有限公司创办中国火腿博览馆和世界火腿博览馆，吸引大批游客前往参观金华火腿制作工艺。

2015年7月，金华市政府正式成立金华山旅游经济区，整合金华山150平方米范围内各类资源，发展大金华山休闲旅游，将金华山区域打造为集旅游观光、森林保护、生态居住、休闲度假、低碳经济为一体的金华城市“绿肺”。

2015年，金华市共接待游客7087.57万人次，实现旅游收入756.62亿元。全市新创建2家国家AAAA级旅游景区、7家AAA级旅游景区，是历年来新创建A级景区最多的一年。在第十七届浙洽会上签约4个旅游重大项目，签约项目数和计划投资额均居全省前列。2015年底，全市共有旅行社157家，在全省率先成立金华市导游协会。全市共有旅游星级饭店48家，其中五星级1家，四星级1家。

金华概览

执政为民

新政权的建立与巩固

1949年5月，中国人民解放军第11军、12军所部在当地党组织和地方武装力量配合下，于6日解放兰溪，7日解放金华，8日解放汤溪、义乌、东阳、永康。9日解放武义、宣平，11日解放浦江。各地相继成立军事管理委员会和地方管理机构。15日后，各县委、县政府及所属区委和区政府相继成立。5月29日，经中共中央批准，中共浙江省第八地方委员会、浙江省人民政府第八行政专员公署正式成立。

9月27日至10月7日，召开中共浙江省第八地方委员会第一次代表会议，会议传达贯彻省委第一次代表会议决议，讨论落实剿匪、反霸、减租废除高利贷、征粮、恢复与发展生产、组织与发动群众工作。10月10日，中共磐安县委在金华建立。磐安作为浙江省大陆最后解放的一个县，于1949年10月30日解放。

1950年1月，中央发出实行土改运动的指示，金华专员公署和各县政府相继开展地籍资料清理工作。6月地委和各县建立土改委员会，11月土改全面展开。1951年8月，完成土改任务，颁发土地房产所有证，使“耕者有其田”成为现实。

1950年6月，朝鲜内战爆发。10月，抗美援朝战争正式开始。12月，金华专区开展抗美援朝运动，掀起群众性报名参军热潮。至1951年3月，16万人报名参军，入伍8497名。4月，中国人民保卫世界和平反对美国侵略委员会金华分会成立，发动群众捐献飞机、大炮。10月，共捐款252亿元(旧币)，可购战斗机17架、大炮8门。

1950年7月，金华专区镇压反革命运动开始。全专区共镇压罪大恶极反革命分子2000余人。1951年12月，地委发出《关于继续贯彻镇压反革命分子的指示》，通报各地反革命活动事例。

1951年底到1952年夏，金华专区在党政机关开展“反贪污、反浪费、反官僚主义”和在私营工商业开展“反行贿、反偷税漏税、反盗骗国家财产、反偷工减料、反盗窃国家经济情报”的“三反”“五反”运动。运动清查和处理了一批贪污分子和不法商人，巩固人民政权和社会主义国营经济的领导地位。1952年夏，“三反”“五反”运动结束。

解放初期的剿匪斗争

1949年5月，金华各地相继解放，但仍有武装股匪56支、匪众7400余人，匪情严重。6月27日，匪特攻入浦江县城，劫走在押犯28人。各县相继发生武装叛乱。地委一方面要求上级派部队清剿，一方面组织干部维护城镇治安。7月初，35军到金华驻防。地委和军党委召开联席会议，部署全面清剿匪特。抽调部队、机关干部和青年学生1653人，组成66个工作队，赴金华、义乌、汤溪、兰溪4县，采取发动群众武装自卫、军事清剿和政治瓦解三结合方针，通过剿匪反霸、减租、生产救灾等，有力打击匪特恶霸的嚣张气焰。地委专署发出剿匪布告，开展宣传攻势。集中力量围歼以金式(原国民党203师师长)、邢小显为首的匪国防部十二军八婺纵队。10月24日，地委做出《关于组织群众武装自卫，粉碎匪特破坏群众运动的紧急指示》，至11月初，大股匪特基本被歼，武装匪特降至700人以下，匪特活动由公开转入地下。

1950年2月，武装匪特在金华、义乌、永康交界，捕杀干部和积极分子，袭击区乡政府，煽动群众抢粮暴动。地委及时采取措施，粉碎武装抢粮阴谋。地委和军分区联合召开人武部长、县大队长会议，传达省军区第一次扩大会议精神，重点研究剿匪工作，连续颁发6条剿匪命令。3月，建立以军队为主、地方干部参加的统一剿匪指挥部。6月，地委发出通知，指出以剿匪反霸、发动群众为中心任务，部署彻底歼灭残余股匪的措施。1951年2月，匪“东南人民反共救国军”八婺纵队司令邢小显逃窜到曹宅午塘头村，被驻村解放军、民兵抓捕后死亡。至1952年底，金华专区剿匪大小战斗1164次，缴获枪炮3359件、弹药10万余发。至1953年，全区匪特基本肃清。

1957年7月16日，号称“中国义民救国军”反革命团伙袭击澧浦区公所和区人民银行，打杀干部和职工，劫掠步枪、驳壳枪、子弹、电话机和人民币。专署公安处派175名武装人员分5批清剿，捕获土匪32人，依法予以惩处。

土地改革

1950年1月24日，中共中央发出在新解放区做好实行土地改革运动的准备工作指示后，金华地区专员公署和各县人民政府相继开展地籍资料清理工作。6月30日，中央人民政府公布《中华人民共和国土地改革法》后，中共金华地委和各县委分别建立土地改革委员会，着手调查研究，进行土地整理。经过土地登记、查漏、补报、消除、改错，全面编制“户地清册”。全区登记土地数23.73万公顷。同时，培训干部组成土改工作队。8月15日，地委在金华县乾西乡开始土地改革试点工作。10月6日至11日，地委召开全区土地改革试点工作会议，传达省委试点工作会议精神，总结乾西乡土地改革试点经验，布置各县选择一个乡村进行土地改革典型试验。11月开始，土地改革运动在全区农村广泛开展。做法是以点带面、点面结合，在总结经验的基础上，分批开展。各地党委、政府贯彻执行中共中央规定的“依靠贫农、雇农，团结中农，中立富农，有步骤地有分别地消灭封建剥削制度，发展农业生产”的土地改革总路线和总政策，派出土改工作队深入农村，发动农民群众，扩大农会，组织农民向封建地主阶级开展斗争，建立城乡最广泛的反封建统一战线，没收地主的土地分给无地少地的农民，把封建剥削的土地所有制改变为农民的土地所有制；同时，采取保护民族工商业的政策。在土改中，对于地主分子，除个别罪大恶极、民愤极大的予以镇压外，都分给一定数量的土地，让其在劳动中改造成为新人。金华的土改运动有领导地分批进行，每期一般经历发动群众、划分阶级成分、没收征收土地和分配土地及财产、复查总结等阶段。

1951年8月，全区完成土地改革任务，共没收地主土地、征收富农多余土地等各类土地10.12万公顷，46.28万户无地和少地农民分得各类土地11.49万公顷和其他一些生产资料。经过复查审核，由各县政府颁发土地房产所有证，使“耕者有其田”成为现实。土地改革后，辖区59.91万农户共占有土地23.1万公顷，另有公有土地6217.8公顷。

农村家庭联产承包责任制的实行

1978年12月，境内一些地方出现自发将大田粮食作物包产到户组，联产计酬。1980年9月，中共中央发出《关于进一步加强和完善农业生产责任制的几个问题》的文件。

1981年9月17—20日，中共金华地委召开全地区县、区、公社三级党委书记会议。会后，地委制定《关于推行统一经营、专业承包、责任到人、联产计酬农业生产责任制的若干政策规定》。各县以区、社为单位召开脱产干部会议，传达地委会议精神。同时抽调机关干部组成工作组，开展试点，在推行包产到户和包干到户等责任制形式的基础上，逐渐形成家庭联产承包责任制，分期分批逐队落实。多数地方承包方法按人口与劳动力比例计算到户，少数按人口或口粮定量计算把土地承包到户，承包期3～5年。生产队按土地面积抵垫农户部分生产资金。分配形式按承包土地面积定产，计算粮食征购任务和上交集体的积累费用。至年底，全地区建立包产或包干到户责任制的有2.82万个生产队，占生产队总数的67.6%。

1982年，全地区4.17万个生产队全面推行家庭联产承包责任制。武义县推行口粮田与责任田相结合的“两田制”。1983年，家庭联产承包责任制从农业拓展到林业及多年经济作物、鱼塘等多种经营项目，并建立农业承包合同制，签订农业承包合同(俗称红卡)，明确发包方(集体)与承包方(农户)的权利与义务。

1984年，中央提出土地承包期一般在15年以上。金华地区按照“大稳定、小调整”的原则进行承包期适当调整，完善家庭联产承包责任制，延长土地承包期。金华、武义、永康、义乌、东阳等县(市)，土地承包期延长到1990—1993年；兰溪、浦江、磐安等县(市)延长延长至1997年。这样，家庭联产承包责任制就被确定为金华地区农村一项最基本的生产经营制度。12月，市委出台《关于搞好新一轮土地承包责任制承包工作，进一步稳定完善家庭联产承包责任制的实施意见》。

1998年5月，中共金华市委、市政府在兰溪召开会议，部署全市第二轮土地延包试点工作。5月26日，婺城区率先在竹马乡开展试点。全市共14个乡镇、296个村、1896个生产队作为土地延包试点，土地承包以延长30年为期，形成“一决议”(经济合作社社员大会决议)、一合同(发包方与承包户签订合同)、一清册(建立土地分户承包清册)、一权证(土地承包权证发到户)，并按这“四个一”标准验收。至7月10日，试点工作基本结束。试点村中，采取直接延包或农户间小范围抽补后再延包的村和队，占试点村数和生产队数的89%和85%；有245个村、1563个生产队、4.8万农户签订农村土地承包合同，2.38万农户领到由各县人民政府颁发的土地承包权证。所有试点乡镇都把农村集体土地的承包期延长至2028年。

中共金华地委代表大会

中共浙江省第八地方委员会第一次代表大会 1949年9月27日至10月7日举行，出席代表600人。会议传达贯彻中共浙江省委第一次代表大会精神，总结农村工作经验，落实剿匪特、民主反霸、减租与废除高利贷、实行合理负担(征粮)，恢复与发展生产、组织与发动群众工作等6项任务。地委书记冯起在会上作工作报告。军管会主任张雄作“清剿”和发展武装报告。会议通过《关于今后4个月工作任务的决议》。

中共金华地委第二次代表大会 1950年9月8—15日举行（1949年10月26日，中共浙江省第八地方委员会更名为中共浙江省金华地方委员会），出席代表329名，列席代表175名。会议传达贯彻中共七届三中全会、省第三次党代会精神，总结专区农村工作，对官僚主义、命令主义作风开展批评与自我批评，按照整风精神，有步骤地进行土地改革。

中共金华地委第三次代表大会 1953年6月1—11日举行，出席代表253名，学习贯彻中共中央《关于农村生产互助合作的决议》等文件，总结农业生产互助合作、经济工作、政权建设和党的建设方面的主要成绩，检查存在的问题，并提出改进措施。进一步明确以农业生产为农村压倒一切的中心工作的方针和农村的各项政策。

中共金华地区第一次代表大会 1970年12月28—30日举行，出席会议的代表1040名。大会听取中共金华地区核心小组组长李纯作的工作报告，通过《关于加强党委革命化建设的决定》；选举产生中共金华地区第一届委员会名单45名，候补委员3名，出席中共浙江省第五次代表大会代表111名。12月30日，召开中共金华地区委员会第一次全体会议，选举产生地委常委11名。

中共金华市代表大会

中国共产党金华市第一次代表大会 1986年11月22—25日举行，出席大会代表451名，特邀代表12名。大会通过方根雄作的《团结奋斗，锐意改革，开创金华社会主义现代化建设的新局面》工作报告和陈炫满作的《端正党风，严肃党纪，促进改革和经济建设的健康发展》纪律检查工作报告；选举产生中共金华市第一届委员会委员31名，候补委员6名；选举产生中共金华市纪律检查委员会，委员27名。方根雄作《不负众望，勇挑重担，奋力开拓，把金华两个文明建设推向一个新的阶段》讲话。市委一届一次全会选举产生市委常委10名。市纪律检查委员会第一次全体会议选举产生市纪委常委7名。

中国共产党金华市第二次代表大会 1991年6月8—12日举行，大会代表447名，列席人员46名。大会通过郭懋阳作的《团结务实，再展宏图，带领全市人民为实现第二步战略目标而奋斗》报告和马际堂作的《加强党风党纪建设，保证党的基本路线的贯彻落实》报告；选举产生中共金华市第二届委员会，委员33名，候补委员6名；选举产生中共金华市纪律检查委员会，委员27名。6月12日，市委二届一次全会选举产生市委常委11名。市纪律检查委员会第一次全体会议选举产生市纪委常委6名。

中国共产党金华市第三次代表大会 1996年6月18—21日举行，大会代表460名，列席人员76名，邀请人员27人。大会通过仇保兴作的《艰苦创业，奋勇争先，为实现跨世纪宏伟目标而努力奋斗》报告和陈章凤作的《惩腐倡廉、端正党风，为金华市的改革、发展、稳定服务》报告；选举产生中共金华市第三届委员会，委员35名，候补委员6名；选举产生中共金华市纪律检查委员会，委员27名。6月20日，中共金华市委三届一次全会通过《中共金华市委关于加强自身建设的决定》；选举产生市委常委12名。市纪律检查委员会第一次全体会议选举产生市纪委常委7名。

中国共产党金华市第四次代表大会 2000年3月21—24日举行，大会代表459名，列席人员91名，邀请人员37名。大会通过郑尚金作的《围绕现代化目标，加快发展步伐，为把金华建设成为浙江中西部中心城市而努力奋斗》报告和中共金华市纪律检查委员会作的《从严治党，标本兼治，深入推进党风廉政建设和反腐败斗争》报告；选举产生中共金华市第四届委员会，委员39名，候补委员9名；选举产生中共金华市纪律检查委员会，委员27名。3月24日，中共金华市委四届一次全会通过《中共金华市委关于进一步贯彻落实党风廉政建设责任制的决定》；选举产生市委常委11名。市纪律检查委员会第一次全体会议选举产生市纪委常委9名。

中国共产党金华市第五次代表大会 2005年3月21—24日举行。大会代表481名，列席人员78名，邀请人员47名。大会通过徐止平作的《发展城市群，共建大金华，为基本建成全面小康社会而努力奋斗》报告，书面审查了中共金华市纪律检查委员会的《从严治党，惩防并举，为基本建成全面小康社会提供政治保证》报告；通过了《中国共产党金华市代表大会闭会期间开展代表活动的实施办法（试行）》；选举产生了中共金华市第五届委员会，委员41名，候补委员9名；选举产生中共金华市纪律检查委员会，委员29名。3月24日，中共金华市委五届一次全会通过《中共金华市委关于构建金华市惩治和预防腐败体系的决定》，选举产生市委常委12名。市纪律检查委员会第一次全体会议选举产生市纪委常委9名。

中国共产党金华市第六次代表大会 2012年2月26—29日举行，大会代表485名，列席人员107名，邀请人员64名。大会通过陈一新作的《建成全面小康社会，建设现代化新金华，努力开创赶超发展浙中崛起新局面》报告和中共金华市纪律检查委员会作的《全面提升反腐倡廉建设科学化水平，为开创赶超发展、浙中崛起新局面提供有力保证》报告；选举产生中共金华市第六届委员会，委员51名，候补委员9名；选举产生金华市纪律检查委员会，委员33名；选举产生金华市出席中共浙江省第十三次代表大会代表51名。2月29日，中共金华市委六届一次全体会议通过了《中共金华市委关于加强自身建设的决定》，选举产生市委常委12名。市纪律检查委员会第一次全体会议选举产生市纪委常委9名。

金华市人民代表大会

金华市一届人大一次会议 1985年9月13—16日举行，应到代表493名，实到代表480名，列席人员118名。会议通过《金华市第一届人民大会第一次会议选举办法》《金华市第一届人民代表大会关于处理议案和代表意见的暂行办法》。会议选举产生金华市第一届人民代表大会常务委员会委员19人，主任1人，副主任4人，金华市人民政府市长1人，副市长5人，市中级人民法院院长和市人民检察院检察长。

金华市二届人大一次会议 1990年6月21—27日举行，应到代表489名，实到代表483名，列席人员145名。会议审议《政府工作报告》《关于金华市1990年国民经济和社会发展计划草案的报告》《关于1989年财政决算和1990年财政预算草案的报告》《金华市人民代表大会常务委员会工作报告》《金华市中级人民法院工作报告》《金华市人民检察院工作报告》，并通过相应决议。选举产生金华市第二届人民代表大会常务委员会主任1人、副主任3人、秘书长1人、委员24人，金华市人民政府市长1人、副市长5人，市中级人民法院院长和市人民检察院检察长。

金华市三届人大一次会议 1995年6月18—23日举行，应到代表482名，实到代表478名，列席人员145名。大会审议《政府工作报告》《关于金华市1994年国民经济和社会发展计划执行情况与1995年国民经济和社会发展计划草案的报告》《关于金华市本级1994年财政决算和1995年财政预算草案的报告》《金华市人民代表大会常务委员会工作报告》《金华市中级人民法院工作报告》《金华市人民检察院工作报告》，并通过相应决议。会议选举产生金华市第三届人民代表大会常务委员会主任1人、副主任4人、秘书长1人、委员23人，金华市人民政府市长1人、副市长5人，市中级人民法院院长和市人民检察院检察长。会议决定设立金华市第三届人民代表大会法制委员会、财政经济委员会、教育科技文化卫生委员会、农业经济委员会等4个专门委员会，通过组成人员人选。

金华市四届人大一次会议 2000年

4月23—28日举行，应到代表412名，实到代表401名，列席人员155名。会议审议《政府工作报告》《关于金华市1999年国民经济和社会发展计划执行情况与2000年国民经济和社会发展计划草案的报告》《关于1999年全市和市本级财政预算执行情况与2000年全市和市本级财政预算草案的报告》《金华市人民代表大会常务委员会工作报告》《金华市中级人民法院工作报告》《金华市人民检察院工作报告》，并通过相应决议。印发4个专门委员会工作报告。会议选举产生金华市第四届人民代表大会常务委员会主任1人、副主任6人、秘书长1人、委员19人，金华市人民政府市长1人、副市长6人，市中级人民法院院长和市人民检察院检察长。

金华市五届人大一次会议 2005年4月25—29日举行，会议代表425名，列席人员128名。会议审查《政府工作报告》《金华市2004年国民经济和社会发展计划草案的报告》《2004年全市和市本级财政预算执行情况及2005年全市和市本级财政预算草案的报告》《金华市人民代表大会常务委员会工作报告》《金华市中级人民法院工作报告》《金华市人民检察院工作报告》，并通过相应决议。会议选举产生金华市第五届人民代表大会常务委员会主任1人、副主任7人、秘书长1人、委员28人，金华市人民政府市长1人、副市长6人，市中级人民法院院长和市人民检察院检察长。

金华市六届人大一次会议 2011年4月24—29日举行，出席代表419名，列席人员192名，会议审查《政府工作报告》《金华市国民经济和社会发展第十二个五年规划纲要》《关于金华市2010年国民经济和社会发展计划执行情况及2011年国民经济和社会发展计划草案的报告》《2010年全市和市本级财政预算执行情况及2011年全市和市本级财政预算草案的报告》《金华市人民代表大会常务委员会工作报告》《金华市中级人民法院工作报告》《金华市人民检察院工作报告》，并通过相应决议。会议选举产生金华市第五届人民代表大会常务委员会主任1人、副主任5人、秘书长1人、委员32人，金华市人民政府市长1人、副市长6人，市中级人民法院院长和市人民检察院检察长。

金华历任市委(地委)书记

金华历任市委(地委)书记一览表

表 4

姓名	籍贯	任职时间
冯　起	山东邹城(邹县)	1949.5—1949.11 任中共浙江省第八地方委员会(金华地区)书记 1950.2—1950.4 任中共金华地委书记
张　雄	江西瑞金	1949.11—1950.2 任中共金华地委书记、军事管理委员会主任
崔　健	山东长清	1950.4—1951.12 任金华地委书记、军分区政委
杨源时	江苏江阴	1951.12—1952.11 任金华地委书记
李学智	山东清平(现临清市)	1952.11—1962.4 任中共金华地委书记、中共金华地委书记处书记 1962.4—1968.4 任中共金华地委书记、中共浙江省委委员
吕志先	广东平远	1959.1—1962.4 任地委书记处第一书记
李　纯	江苏盱眙	1970.12—1975.6 任地委书记(二十军六〇师政委)
项　耿	浙江慈溪	1975.8—1977.10 任地委书记
赵仲一	山东肥城	1977.10—1982.1 任地委书记
厉德馨	江苏淮阴	1982.1—1983.7 任地委书记
董朝才	浙江江山	1983.7—1985.6 任地委书记，1985.6—1985.12 任市委书记
方根雄	浙江吴兴	1985.12—1989.12 任市委书记
郭懋阳	浙江东阳	1989.12—1993.10 任市委书记
仇保兴	浙江乐清	1994.2—1999.3 任市委书记
郑尚金	浙江金华	1999.3—2002.1 任市委书记
汤黎路	安徽无为	2002.3—2004.12 任市委书记
徐止平	浙江乐清	2005.2—2012.1 任市委书记
陈一新	浙江泰顺	2012.1—2013.7 任市委书记
徐加爱	湖南衡阳	2013.7—2016.1 任市委书记
赵光君	吉林九台	2016.1 任市委书记

金华历任市长
(专员公署、行政公署专员)

金华历任市长(专员公署、行政公署专员)一览表

表 5

姓名	籍贯	任职时间
马　青	浙江绍兴	1949.5—1949.7 任专员公署专员
杨源时	江苏江阴	1949.7—1952.11 任专员公署专员
曾少东	山东长清	1952.11—1954.12 任专员公署专员
隋长文	山东汶上	1955.1—1959.1 任专员公署专员
梁长庚	山东乐陵	1959.1—1968.4 任专员公署专员
李　纯	江苏盱眙	1968.4—1975.6 任地区革委会主任
项　耿	浙江慈溪	1975.8—1978.9 任革委会主任
赵仲一	山东肥城	1977.10—1978.9 任革委会主任
陶　健	浙江永康	1978.9—1982.9 任行政公署专员
郭懋阳	浙江东阳	1983.7—1985.9 任行政公署专员，1985.9—1990.1 任市长
陈章方	浙江绍兴	1990.1—1990.6 任代市长，1990.6—1994.12 任市长
毛光烈	浙江江山	1995.1—1995.6 任代市长，1995.6—1997.11 任市长
郑尚金	浙江金华	1997.11—1998.4 任代市长，1998.4—1999.4 任市长
汤黎路	安徽无为	1999.04—2000.4 任代市长，2000.4—2002.3 任市长
楼阳生	浙江浦江	2002.3—2002.4 任代市长，2002.4—2003.3 任市长
徐止平	浙江乐清	2003.3—2003.4 任代市长，2003.4—2005.3 任市长
葛慧君	浙江诸暨	2005.3—2005.4 任代市长，2005.4—2007.8 任市长
陈昆忠	浙江义乌	2007.8—2007.11 任代市长，2007.11—2010.11 任市长
徐加爱	湖南衡阳	2010.11—2011.4 任代市长，2011.4—2013.7 任市长
暨军民	浙江临安	2013.7—2014.2 任代市长，2014.2 任市长

小城镇综合改革

1995年8月，东阳市横店镇被国家体改委列入第一批57个全国小城镇综合改革试点镇之一。1991年初，市政府成立金华市小城镇改革试点指导协调小组。1997年2月，经省政府批准，永康市芝英镇、浦江白马镇和义乌市大陈镇被列入浙江省首批小城镇综合改革试点镇。到年底，各试点镇的户籍制度改革，财政管理体制改革和行政管理体制改革等方案全面落实实施。

1998年，小城镇综合改革试点面不断扩大。年初，金华县孝顺镇被批准为国家第二批小城镇综合改革试点镇；金华县汤溪、白龙桥、义乌市苏溪等7个镇被列入省级小城镇综合改革试点镇。市计委将试点镇农村人口办理城镇常住户口“农转非”列入计划管理范围，其中综合改革试点镇12个，分别是婺城区罗店镇，兰溪市游埠镇，东阳市横店镇，义乌市大陈镇、苏溪镇、廿三里镇，永康芝英镇，金华县汤溪镇、孝顺镇、白龙桥镇，浦江县黄宅镇、白马镇；户籍改革试点镇1个，为义乌市稠城镇。是年，省计委共安排金华市小城镇综合改革试点镇农转非指标2.5万。至年底，户籍制度改革实施方案已经省批准的有横店、大陈、苏溪、廿三里、芝英、白马、稠城镇，共办理农转非9800余名，其中白马镇通过土地划等形式，办理“农转非”手续1650多人。

1999年，小城镇综合改革全面推行。到年底，全市有10个试点镇的户籍制度改革方案付诸实施、办理“农转非”手续2.4万多人，其中义乌市苏溪镇、廿三里镇户籍改革申报率分别达95%和97%。各试点镇通过几年的改革，普遍建立投资主体多元化、投资项目业主化、筹资方式市场化、政府行为合理化的新机制，初步形成政府、企业、个人共同投资建镇的新局面。各试点镇结合当地实际，按照“分灶吃饭、分级管理”的改革思路，采取“确定收支基数、收支逐年递增包干、超收一定比例留镇、一定3年不变”等各种形式的财政管理体制。

2000年，全市有义乌市苏溪镇、佛堂镇、廿三里镇、永康芝英镇、兰溪市游埠镇、东阳市横店镇、巍山镇，浦江县黄宅镇、白马镇、郑家坞镇，武义县武阳镇、柳城镇，磐安县安文镇、金东区孝顺镇，婺城区汤溪镇等14个镇被列入省级中心镇（其中8个与综合改革试点镇相同)。是年,金华市为加快市区人口集聚、推进城镇化进程、出台《深化市区户籍制度改革的补充意见》,从放宽人口迁移、引进各类人才等方面加大户籍制度改革的力度。之后,市委、市政府又筛选公布一批市级中心镇。至2005年,金华市先后有东阳市横店镇、金华市孝顺镇被列入国家级综合改革试点镇;义乌市大陈镇、苏溪镇、廿三里镇,永康市芝英镇,兰溪市游埠镇,婺城区罗店镇、白龙桥镇、汤溪镇,浦江黄宅镇、白马镇被列入省级综合改革试点镇。在市、县党委和政府统一领导下,各试点镇、中心镇在投融资体制、行政管理体制、财政管理体制和户籍制度改革等方面进行积极的探索。全市加强试点镇和中心镇领导班子配备,由所在县(市、区)和常委兼任镇委书记;扩大试点镇和中心镇管理权限和机构设置自己主权;对试点镇和中心镇实行财政综合预算管理。1995—2005年,全市共计“农转非”10.5万人。

2010年底，浙江在全国率先作出开展小城市培育试点的战略决策,赋予经济强镇以现代小城市管理体制和管理权限,实行强镇扩权。总计下放扩权事项191项、综合执法权455项。东阳市横店镇、义乌市佛堂镇入选第一批小城市培育试点镇名单。2014年,永康市古山镇入选试点名单。小城市培育试点成为助推区域经济发展的新动力,以东阳市横店镇为例,2010—2014年横店全镇地区生产总值增长近一倍,2015年1—4月,全镇实现税收16亿元,同比增长57.2%。

义乌市佛堂镇

“发展城市群，共建大金华”战略

1994年3月，市政府提出“金华市区为中心、加快浙中城市群建设”的任务。1999年，浙江省委就浙江中西部中心城市提出“对金华应加以重点扶持、同时加强周边城市群建设，发挥群体优势”的发展思路。金华市委、市政府贯彻“优势互补，资源共享，错位发展”和“发展城市群，共建大金华”的战略方针，按照“发展蓝图共绘，基础设施共建，支柱产业共树，资源优势共享，生态环境共保，区域优势共创”的基本思路，大力推进城市群建设。

2003年12月，召开浙中城市群发展战略规划论证会。2004年4月，明确“浙江中西部中心城市，不单指金华市区，也不是数个城市的简单累加，而是指以金华市区为内核，以东阳、义乌、永康、兰溪4个城市为紧密层，并有浦江、武义、磐安3个县城及其他中心镇共同组成布局合理、优势互补、功能完善、生态优良、协调发展的城市群”。

2004年，市域范围内已形成“1小时经济圈”；城市群内部的产业互补增强，金华市区汽摩配、电子商务，兰溪医药产业，义乌商品市场，永康五金产业，东阳磁性材料和影视产业，浦江水晶工艺品，武义养生旅游，磐安中药材等，在国内乃至国际市场都有知名度和占有率，形成金兰、金义、义永武4个产业带以及一批块状经济和小业主群。8月11日，省委书记习近平到金华考察，指出：“建设浙中城市群不仅是金华的大事，也是优化全省城市空间布局的大事，省有关部门要大力支持浙中城市群的建设，使浙中城市群成为浙江中西部地区经济社会发展的增长极。”当年，山海协作工程实施，使市域内县级城市优势互补得到充分的发挥。

2005年4月，全市以“推进浙中城市群快速发展，努力实现浙中崛起”的要求开展工作，构筑三纵三横三环的路网框架，出现一中二翼两三角城市组形态。金华成为浙江省继杭州之后的第二个传输、交通枢纽，确立了浙中交通电力中心，浙江省第二大信息港，教育副中心的地位。以金华市区、兰溪、东阳、义乌、永康5个大中城市为核心形成浙中城市群。浙中城市群的各城市之间相距都在

城市旅游

30千米左右，城镇分布密集，呈现一主轴、二圈层、三组群、四沿带经济圈格局。

一主轴，即金华市区—义乌之间，杭金衢高速、金丽温高速、甬金高速、浙赣铁路、03省道、金义东快速通道等六个大交通干线的沿线地区。

两圈层，即内圈、外圈两个发展圈层。内层圈半小时交通圈为基础，由兰溪—金华—义乌—东阳—浦江东南部—永康—义东北部等盆地丘陵地区组成。外圈层是生态腹地，包括磐安及东阳山区，婺城—武义西南山区、浦江西北山区等，主体功能是限制开发区域和禁止开发区域。

三组群，金兰、义东浦、永武三大功能组群。金兰组群重点是强化内核城市的服务功能、集聚功能、生产功能、创新功能和行政功能，发展高新技术产业、重化产业、能源原材料产业，打造先进制造业中心，科技、文化、交通、信息、服务和行政中心。义东浦组群重点是提升和共享小商品流通商贸流通和制造优势，打造中国小商品制造中心和国际商贸城。永武线组群重点是发挥中国科技五金产业、品牌优势，强化自主创业创新能力，建设国内具有较强竞争力的五金机械工业基地、汽车摩托车及配件制造基地，打造中国五金制造中心。

四沿带，即由两条纵向交通轴线和两条横向交通轴线构成的井字形经济发展带和城镇空间组织带。金义产业带、义东浦磐产业带、金兰产业带、永武东产业带。

2010年11月，省住房和城乡建设

厅、金华市人民政府编制了《浙中城市群规划(2008—2020)》。浙中城市群范围包括金华市行政管辖区,包括婺城区、金东区、义乌市、东阳市、永康市、兰溪市、浦江县、武义县、磐安县9个县市区,土地总面积1.09万平方米。缙云、龙游和诸暨南部作为协调区。

2012年,国务院批准同意《浙江省城镇体系规划(2010—2020)》,规划以金华和义乌形成浙中城市群核心区,成为浙江省第四大都市区。其后,启动金义都市新区建设,城市群核心区域功能进一步凸显。

2014年,印发《金义都市区(浙中城市群)建设三年行动计划》,制定《金义都市区(浙中城市群)建设考核办法》。完成金义都市区(浙中城市群)水资源统筹利用(供水)、城际公交一体化、天然气一体化课题调研报告。完成《浙中城市群综合交通规划》和《浙中城市群轨道交通线网规划》编制修改和审批;编制《浙中城市群金义东轨道线位用地控制规划》;开展《金华—义乌都市区规划纲要》《金华—义乌都市区核心城市聚合发展》课题研究、《积极推进义乌东阳同城化、构建金义东都市圈》课题研究、《浙中城市群(都市区)重大基础设施空间一体化规划》编制工作。

率先实施权力运行监督机制

1990年起，金华市加强预算外资金管理。是年，全市清理出“小金库”308家，违约金额270多万元，1992年，永康、金华、浦江、兰溪、东阳等县(市)纪委带头组织清理乡镇财务。

1994年4月，市委、市政府开始推行“两公开一监督”(公开办事程序公开办事结果接受群众监督)制度，把权力的运行置于人民监督之下，促进党风廉政建设。1996年5月，深化“两公开一监督”制度，以公开办事标准，公开承诺自律，制定《关于在直接为民服务部门进一步深化“两公开一监督”工作的意见》，制度建设向各县(市)机关、乡镇、村延伸。行政管理执法部门、垄断性营业单位，分期分批由主要负责人通过新闻媒体向社会公开本单位(部门)工作职责、办事标准和时限、违约补偿基金及投诉程序。11月，下发《关于加快推进和完善公开承诺自律制度的几点意见》，建立具体职能部门、主管部门和市“两公开一监督”办公室三级投诉网，聘请43名社会义务监督员，加强新闻舆论监督、加大监督力度。至年底，全市90%的县(市)级机关、80%的乡镇和60%的村，推行“两公开一监督”制度。公安、卫生、邮电、技术监督、城管、财税、工商、电业、建设、交通、银行、国土、规划13个部门及其下属24个单位，推行公开承诺自律制度。1998年3月，由新闻单位组成的“市民援助中心”成立，“两公开一监督”内容日益丰富。1997年10月，在市机关全面推行财务公开制度，承诺制度由机关全面推向乡镇。至1998年底，全市90%以上的县级机关党政机关实行政务、财务公开，80%以上的村实行村务公开。学校校务，法院、检察院院务，工厂厂务公开有序展开。1999年2月，市纪委等5个部门联合下发《关于推行厂务公开制度的若干意见(试行)》。是年，创办全省第一家“市级机关会计核算中心”推行会计制度改革，对机关财务开支实施制度监督。

2000年，全市97.3%的企业推行厂务公开，其中291家企业开展大宗物资公开采购工作，全市1165家事业单位中有923家开展厂(院、校)务公开，其中实施大宗物资公开采购的有905家。至年底，全市8个县(市、区)相继建立会计核算中心，市本机所有的行政单位全部纳入会计核算中心统一核算。进行审批制度改革，市级机关55个部门原有审批事项1081项，取消600项，实施政府采购制度。2001—2002年，推行“三权”(事权、财权、人事权)管理制度改革和“四中心”(行政服务中心、会计核算中心、建设工程招投标中心、政府采购中心) 建设。2003年4月金华市被全国推行厂务公开工作领导小组、中央纪委等授予“全国推行厂务公开先进单位”。是年，全市各投诉中心共受理群众投诉574件，办结551件。全市9个县(市、区)相继建立行政(便民)服务中心，所有乡镇建立“365”(即1年365天)服务窗口。建立8个工程交易中心，加强对建设工程项目交易的监督。2004年3月，市委五届一次全会通过《关于构建金华市惩治和预防腐败体系的决定》，加快构建惩防体系，全面展开以整体构建、行政构建、专业构建、联合构建和科技促建“4+1”为主要形式和途径，深入构建具有金华特色的惩治和预防体系。并建立《金华市构建惩治和预防腐败体系实施办法》。2004—2005年，全面推行公用事业单位公开办事制度。2005年，开通市政府审批网，推行网上审批，扩大服务范围，深化告知承诺制，完善投资项目联审，试行精简民间投资项目登记审批事项，减少审批环节。对38项行政许可(审批)项目进行规范，对条件成熟的项目推行一审一核制。市政府机关实行国库集中支付制度，全面推行部门预算，进一步规范“收支两条线”管理，健全财政资金绩效评价机制，深化财政管理体制改革。市、县两级普遍建立机关效能建设联席会议及办公室，成立绩效监督室，并落实人员编制，整合效能监督员与行分监督员二支队伍，聘请机关效能与行风监督员。至2005年底，全市所有行政村均建立村务监督机构。2001—2005年，督查工作以市政府年初确定的重点工作和为民办的实事落，实施情况为重点，开展政务监督，并将监督结果，以发监督电报形式及在《金华日报》上公告形式向社会公布。

2014年，金华市加强政府自身改革，大力推进简政放权，初步建成政府权力清单、企业投资负面清单、政府责任清单、财政专项资金管理清单和政务服务网。市级部门行政权力事项精减54%，财政专项资金整合为37项，下放市级行政审批权限204项，开设“中介服务超市”。商事制度改革不断深化，推行先照后证、多证联办、证照合办，工商注册实现内资2天、外资3天、简易事项当天办结。

2015年，率先推进乡镇纪委回归主业，实现村、居、校、院、企“五务”监督委员会全覆盖，积极探索乡村监督体系和

金华市区二七新村居民投票确定拆迁房屋评估机构

能力现代化的改革成果，成为浙江省 11 个市纪检系统唯一入选全省 38 个深化改革的重大典型案例，并上报中央深化改革领导小组。中央党建工作领导小组《党建要报》第 61 期总结推广了金华推进县、乡纪委“三转”(转职能、转方式、转作风)，切实解决基层党员干部侵害群众利益问题的做法和成效，省委办公厅根据省委主要领导的指示转发全省学习借鉴。2015 年 11 月，经中共中央政治局常委、中央书记处书记刘云山批准，金华被中央党建工作领导小组确定为目前全国唯一的党风廉政建设和反腐败斗争联系点。在全省率先修订出台落实党风廉政建设责任制检查考核办法，将主体责任和监督责任分别细化为 48 项和 40 项内容进行量化考核，率先提出将发生作风方面恶性事件等三类情况列入“一票否决”内容，增强“两个责任”落实的刚性约束。全面开展市、县两级派驻机构统一管理改革，市纪委派驻机构由 15 家增加到 32 家，县(市、区)纪委派驻机构均整合为 12 至 15 家，派驻监督覆盖市、县两级所有的党和国家机关。以“五个统一”管理为核心，在全省率先探索建立和完善“1+12”派驻机构工作运行机制，切实增强派驻监督的权威性和有效性。市纪委派驻机构共发现各类问题 159 个，提出整改建议 169 条，党政纪立案 21 人，移送司法机关 3 人，实现涉刑案件“零突

东阳市中国木雕博物馆家训馆

破”。深入挖掘浦江郑义门、兰溪诸葛村、永康胡则、武义吕祖谦等传统家规家训文化，郑义门“孝义传家九百年”和诸葛村“百世传颂《诫子书》”等率先在中纪委网站专栏刊出。积极协助省广电集团摄制《郑义门》15 集廉政动漫片。东阳市建立了全国首个家规家训展示馆。全年共有 80 多万人次到金华市传统廉政文化教育基地接受教育。积极发挥廉政账户的纠错作用，扩大“581”廉政账户覆盖面，实现四大国有银行及金华银行全市所有网点全覆盖。推进权力运行痕迹管理试点工作，探索运用“制度＋科技”的方式，对党委(党组)“三重一大”决策以及执法、审批、招投标等权力运行实行“痕迹管理”，实现痕迹固化、全程监管，该做法被新华社等中央媒体总结介绍。

后陈经验

后陈村选举产生首个村务监督委员会

1990 年，按照民政部《关于在全国农村开展村民自治示范活动的通知》要求，部分县、市确定示范点。1997 年，进行村民代表会议制度试点。1998 年，全市逐步建立村民代表会议制度，普遍推行村务公开，积极推进基层民主政治建设。1999 年，全市有 5602 个村建立村民代表会议制度，占村委会总数的 95.14%。

2004 年 6 月 18 日，武义县后陈村召开村民代表会议，选举产生全国首个村务监督委员会。这一基层组织机构的设立，从法律和制度层面保障和落实了群众的知情权、参与权和监督权，在规范集体资产、农民建房、干部报酬、财务收支管理等村务工作中取得明显成效。

2005 年 5 月，金华市深化村务公开和民主管理工作会议全面推广这一做法。省委书记习近平到金华视察，充分肯定后陈做法，指出村务监督委员会“是农村基层民主的有益探索，是积极的，有意义的，符合基层民主管理的大方向”，并对完善村级组织监督机制提出了具体意见。习近平到中央工作后，仍高度关注村务监督委员会建设，多次作出重要批示。2009 年 7 月，金华全市 4813 个行政村全部建立村务监督委员会，成为浙江省率先实现全面覆盖的地市。2010 年 3 月，习近平参加十一届全国人大三次会议浙江代表团审议时指出：“这是一个很好的经验，值得广泛推广。”2010 年 10 月 8 日，全国人大新修订的《中华人民共和国村民委员会组织法》以法律的形式将村务监督委员会作为村级民主监督的一项重要制度固定下来，上升为国家层面的制度规范。“后陈经验”成为加强农村基层民主建设的成功典范。这是“后陈经验”对推进中国基层民主法治建设做出的最大贡献。2011年初，习近平再次批示：“建立健全村务监督委员会，规范村干部用钱用权行为，是密切农村干群关系、维护农村社会和谐稳定的积极举措，也是加强农村基层党风廉政建设和基层民主政治建设的一个有益探索，浙江在这方面的经验和做法可供借鉴。”夏宝龙、李强、任泽民等省委领导对金华市村务监督工作给予充分肯定。全国人大、中央纪委及民政部对该项工作提供支持、指导。中央党校等相关单位专家学者深入调研，积极推介“后陈经验”，帮助总结推广。

2012年，城市社区推广“后陈经验”，全市277个城市社区全部建立居务监督委员会。武义“后陈经验”入编《党的十六大以来政治体制改革大事记》16件大事。2013年，全市纪检监察机关受理反映农村党员干部的信访案件数量比2005年下降26.3%；查处村“两委”干部违纪违法案件同比下降40.9%，其中经济类案件降幅达45.3%。村务监督委员会制度在加强村务管理方面发挥了重要作用，为村级党组织、村民自治组织、村民三者之间的良性互动搭建了沟通平台，提供了农村自我发现矛盾、内部化解矛盾的纠错机制，提升了村民自我管理、自我监督能力，是新形势下农村治理体系和治理能力现代化的有益探索。

后陈村新貌

首创“365 服务”

2001 年，群众反映办事难引起了磐安县胡宅乡党委、政府的重视。经调研及征求相关意见，专程到民政、计生、劳动等相关部门协商，胡宅乡挂牌成立“365 办事窗口”：相关部门授权集中办事，窗口工作人员轮流值班，并统一培训取得办证资格，只要符合办事标准和条件，一年 365 天群众可以随到随办。这是全省第一个乡镇“365 办事窗口”。随后，磐安县 20 个乡镇设立了“365 办事窗口”。2006 年 9 月，磐安县深泽乡在深化“365 办事窗口”的基础上，探索村级便民服务机构建设，安文镇较早地在全镇 37 个村建立了农村公共服务中心。2009 年，婺城区罗埠镇下章村建立全市第一个村级便民服务中心。婺城区在全区 588 个村（社区）建立便民服务室，全面开展村级便民服务。此后，金华市逐步推开该项工作。2010 年，“365 办公室”改成“365 便民服务中心”，服务窗口变成一站式柜台，9 部门经过优化整合变成了社会保障、社会治安综合管理等 7 大块，并各自有专职工作人员。此后，便民服务中心还增加了党员服务、工业经济、“三治”管理等三个服务窗口。2011 年 5 月，金华市比省纪委制定的目标要求提前 7 个月实现村级便民服务中心“全覆盖”，组织开展村级便民服务中心规范化建设，金东区山口冯村便民服务中心成为示范点。到 2011 年 5 月，全市 151 个乡镇（街道）、5127 个村（社区）全部建立便民服务中心，形成了以市、县行政服务中心为龙头，乡镇（街道）便民服务中心为支撑，村（社区）便民服务中心为前沿的四级公共服务体系。

2012 年，金华市制定《金华市村级便民服务中心规范化示范点建设实施方案》《金华市村级便民服务中心星级评创活动方案》，在创建省级示范服务中心的基础上，再培育一批设施齐全、功能完善、服务便捷、管理规范、办事高效的星级服务中心，逐步实现村级便民服务中心建设由数量全面覆盖向质量明显提升转变，由代办服务向综合服务转变。在全市建成 33 个各具特色的规范化示范点，形成一县一品和一县多品的格局。

电子政务建设

金华市人民政府网站

2012年，金华市制定出台《金华市电子政务项目管理暂行办法》，对全市电子政务项目进行集约化管理，推进各部门资源共享，当年节约电子政务项目财政经费40%以上。开发机关事务工作平台的会议报名、办公助手、公文检索等子系统，提升政府工作效率。2013年，建成金华市协同办公平台，全面实施非涉密文件电子化流转。2014年，全市“四张清单一张网”建设工作开始启动，金华市网上政务分厅建设起步，各项清单按时在市政府门户网站予以公布，理顺行政审批网上流程。全面完成数字城市地理空间框架项目建设，所有县（市、区）均接入省地理空间数据交换和共享平台。2015年，金华市打造全程网上办理的政务服务网，在全省率先实现政务服务网统一公共支付，道路交通违法、人行道交通违法、教育行政事业性收费等通过政务网统一支付，寄出全国第一本“全程网上办理的会计从业资格证”。开发全流程移动化办公系统，提升政府办公效率。根据国务院要求，开展全国政府网站普查工作，推进网站集约化建设，提升网站智能化水平。

8890便民服务

8890便民服务中心

2013年10月28日，金华市8890便民服务热线开通，通过全面整合政府资源、市场资源和社会资源，形成应急与非应急两轮联动，市、县、乡三级网络和电话、网络、短信、微信、市长信箱五位一体的综合服务平台。2014年11月，全市各县（市、区）全部开通8890分中心（执行部）。服务平台既涵盖群众日常生活所需，提供政策信息咨询或指派加盟企业上门服务，又包括事务效能服务，受理对政府部门建议投诉，还涉及志愿公益慈善服务，实现群众“大事小事全覆盖”。受理渠道不限于电话，还包括短信、微信、网站、市长信箱等，全天候受理群众反映。整合原有分散在130多个部门和下属单位的公共服务资源信息，包括“12315”“96311”等投诉举报维权热线，通过8890平台统一受理，方便群众找政府、求服务。同时，为520多家加盟企业建立诚信管理体制，以客户满意度决定企业去留，现已涵盖20个大类200个小项的服务内容，包括家政服务、设备维修、就医预约、快递送餐等等。其中“8890虚拟养老院”“8890就医预约”等服务为社会养老、群众就医等提供了极大的方便。加大对政府部门的考核力度，要求一般事务类诉求5个工作日内办结答复，投诉举报类15个工作日内办结答复，定期通报考核。

2015年，全市8890平台日均话务

8890 便民服务平台工作坐席

量 3000 个以上，日均最高（12 月 24 日）达 5617 个、有效诉求 1850 件，全年话务量累计 214.9 万个，受理群众诉求 51.4 万件，总办结率和回访满意率均达 99% 以上。按照“一个号码找政府”的要求，平台先后整合、融合“12315”“96371”“96311”“12311”“12350”“96178”“96310”“12319”“96070”“12122”等 10 条部门服务热线。9 月开创省内先河，率先承接高速公路非警务信息咨询业。从 9 月 10 日起，由市司法局组织 20 余家律师事务所入驻 8890，提供免费法律咨询服务，为全省首开先河。

8890 平台通过全面整合党政、市场、社会资源，不仅帮助群众解决衣食住行、生老病死等日常生活琐事，还办理政策咨询、效能投诉等难事繁事，构建了“一个号码找政府”“一站式便民服务”的新格局。2 月 9 日《人民日报》社会版深度报道《浙江金华：一条热线搞定民生事》。10 月 21 日央视财经频道播出关于金华 8890 居家养老服务体系建设的新闻调查，专访时长达 8 分钟。

四换三名

“四换三名”,“四换”即腾笼换鸟、机器换人、空间换地、电商换市,“三名”即名企、名品、名家。

2013 年,市委、市政府大力实施“四换三名”工程,扎实推进“机器换人”三年行动计划,全力抓好现代农业高端装备、新能源汽车推广国家试点工作,大力发展高新技术产业和战略性新兴产业,加快传统产业改造升级,持续推进“两化”融合工作,力争每年新增 100 家高新技术企业。改造提升传统产业,培育发展新兴产业,永康“机器换人”“空间换地”等经验在全省推广。华东铝业实现战略重组。实施“亩产倍增”行动计划,加大旧厂区改造和闲置低效用地处置力度,消化批而未供土地 26055 亩,盘活存量建设用地 7956 亩。淘汰改造高能耗、重污染企业 100 家,完成工业技改投资 400 亿元,7 家企业进入全国民营企业 500 强,“个转企”13098 家,新增“小升规”692 家;消化批而未供土地 2.3 万亩,盘活存量建设用地 8000 亩。全面实施创新驱动

新区机器换人参观

发展战略，新认定国家级高新技术企业46家、省级重点企业研究院3家、省级高新技术研发中心23家，婺城区、金华高新技术产业园被评为省知识产权示范区；“双龙计划”首批入围项目37个，入选省“千人计划”人选13名，初步入选国家“千人计划”人选5名。

2014年，积极推进“四换三名”，实施“机器换人”项目285个，列入省重点技改项目270个，1—11月完成技改投入471亿元，单位工业增加值能耗下降9.1%；新增“个转企”3117家，9家企业入选中国民营企业500强，3家企业入选省首批“三名”培育试点，花园生物、9158分别在深交所创业板和香港上市；新增网络经济企业1.28万家，电子商务交易额突破2000亿元，网络零售额达到871亿元，增长41.5%。

2015年，全市“五大千亿”产业实现规模以上产值(收入)4279亿元，占规模以上工业产值的86.8%。完成工业技改投资550亿元、增长24.5%，实施“机器换人”重点项目230项，新增“个转企”2030家、“小升规”411家、“规改股”75家、上市公司2家、“新三板”挂牌企业13家、中国驰名商标10件。兰溪老工业基地振兴取得突破。华科汽车、吉利发动机实现当年建设、当年投产。众泰集团汽车销售超百亿元。新能源汽车推广应用居全省第二。引进中兴通讯、科大讯飞、奇虎360等企业，北大信息科技园等开园运营。全市实现电子商务交易额3360亿元，网络零售额1344亿元，分别增长42.6%和58.4%。

三改一拆

“改造旧住宅区、旧厂区、城中村，拆除违法建筑”是“三改一拆”工作的主要内容。2013 年 3 月 5 日，金华市“三改一拆”行动领导小组成立。3 月 13 日，召开“三改一拆”行动领导小组会议，确定 2013 年度为首战年，也是拆违决战年；2014 年为深化年，又是处理违法建筑扫尾年；2015 年为决战年，确保完成“三改一拆”工作。3 月 22 日，金华市委、市政府确定金华“三改一拆”行动违法建筑拆除工作实施方案。4 月 16 日，全市“三改一拆”工作现场会在浦江召开。4 月 24 日，召开市机关百名干部参与“三改一拆”工作动员会。5 月 8 日，省政府党组副书记、省政府顾问王建满在省政府副秘书长谢济建、省建设厅厅长谈月明等陪同下来金华调研“三改一拆”工作。王建满一行先后来到金东区傅村镇畈田蒋村、金东区孝顺镇、金华经济技术开发区山背村拆违现场、婺城区奔宝汽车拆违现场等地实地考察。5 月 27 日，省“三改一拆”行动领导小组办公室来金进行第一季度循环检查。7 月 8—9 日，在金华义乌召开全省“三改一拆”行动第二次现场会，总结推广各地“三改一拆”行动经验做法，研究相关配套政策，部署下一阶段工作。8 月 21 日，召开全市城乡环境整治提升工作现场会。市长暨军民一行考察了“千村示范、万村整治”“三改一拆”“四边三化”“清理河道、清洁乡村”和治理城市交通拥堵工作进展情况，通报前阶段有关工作，部署下一步推进全市城乡环境整治提升重点任务。11 月 7 日，召开全市“三改一拆”工作现场会。传达省“三改一拆”行动领导小组第四次(扩大)会议精神，交流“三改一拆”工作，分析存在问题，部署下步工作任务。金华市把“三改一拆”行动作为推进赶超发展和新一轮城市化的重要抓手，作为加快经济社会转型升级的现实举措，精心组织，加压奋进，以铁的决心、铁的手腕、铁的措施，强力推进。全年累计拆除违法建筑 1492.4 万平方米，完成省政府下达任务的 1492.4%，居全省首位；全市累计启动“三改”801.9 万平方米(其中：旧住宅区 194.45 万平方米，旧厂区改造 225.9 万平方米，城中村改造 381.4 万平方米)，完成省政府下达 2013 年 620 万平方米任务的 129.34%。

2014 年，在全省率先拆除高速公路沿线违法广告牌，全面开展农村非法“一户多宅”验收。有力推进婺城二七区块、石门农场棚户区改造，加大背街小巷改善力度，完善撤村建居政策体系，城中村改造推行公寓式安置、社区化建设。全市累计拆除违法建筑 1819.12 万平方米，完成年度任务的 454.78%，拆违总量列全省第四，腾出发展用地是全市新增建设用地的 3.6 倍。全市完成旧住宅区改造 421.43 万平方米，旧厂区改造 370.36 万平方米，城中村改造 821.58 万平方米，累计 1613.37 万平方米。

2015 年，全市完成“三改”总面积 2129.29 万平方米。其中，旧住宅区改造 630.38 万平方米，旧厂区改造 453.07 万平方米，城中村改造 1045.84 万平方米。完成违法建筑拆除 1536.04 万平方米。10 月 17 日，全国治理违法建筑工作现场会在金华召开，学习推广浙江经验，部署全国治理违法建筑工作，相关工作得到部、省领导的肯定。目前，全市无违建创建验收工作已基本完成，浦江“基本无违建县”创建、磐安“无违建先进县”创建通过市级初验，金东区、义乌市“无违建先进县（市）”通过市级复核。

拆除违章建筑

四破攻坚

2013年，金华市委、市政府以土地节约集约利用为重点，下决心开展“四破”专项整治活动，即破“僵尸企业”，破围墙圈地，破低效用地，破既得利益。综合运用法律、行政、经济等手段，大幅提高企业粗放用地成本，倒逼企业加快转型升级。积极探索差别化土地使用税征收标准，实行差别电价、水价，采取排污、信贷限制等措施，挤压低效用地企业生存空间。强化制度顶层设计，将涉企优惠政策与企业亩均产值、税收、能耗等直接挂钩，进一步树立“以亩产论英雄”的鲜明导向。坚决打破既得的利益格局，对一些通过不规范手段取得或程序合法但运行不规范的既得利益进行专项整治，建立健全社会公共资源政府集中管理、市场公开运作的体制机制。

在“四破”专项整治活动中，建立健全“四破”体制机制，推进资源要素集约节约利用和公共资源集中管理、市场化运作。建立以企业亩产效益为核心的综合评价体系，出台闲置低效用地再开发利用政策，推进水电气、建设用地、环境容量等资源要素差别化定价，建立健全工业用地、节能量、水权、排污权等交易制度，完善资源有偿使用机制，推进环境污染第三方治理。优化民营经济发展体制机制，进一步落实扶持发展民营经济的各项政策，引导民间资本投向基础设施、基础产业和社会事业等领域。加快金融改革创新，完善金融服务体系，破解实体经济面临的资金要素供给困难。支持东阳、永康开展民间资金管理公司、借贷登记服务中心试点。加强国有资产运行管理，推进国有投融资平台建设。积极发展混合所有制经济。

2014年，全市强力推进“四破攻坚”，建立健全工业企业亩产效益综合评价、土地供应差别化管理、低效用地再开发等机制，处置僵尸型、圈地型和低效用地企业1132家，收回土地6050亩，盘活存量用地1.25万亩，消化批而未供土地2.4万亩。

2015年，全市处置僵尸企业90家，处置围墙圈地企业65宗，收回土地1536亩。通过收回、转让、股权转让、就地转型、拆除，就地转型发展网络经济和总部经济的工业用地7559亩，全市消化批而未用土地9243亩。

文脉相传

古代官学

北宋初，婺州始建州学(官办地方学校)。对官学除赐给缗钱外，还须置学田，由学校经营，以充办学经费。此后，金华历朝府(州、路)学大多置有学田，地租收入作为祭祀、学官薪俸和补助生徒的费用。另外，个人捐助也是府学教育经费的来源之一。南宋，婺州州学校舍颇具规模，分教学、祭祀、娱乐、膳食、住宿、收藏区等，设有藏书楼。元代，于婺州路设置路学。明朝，建金华府学，分文庙、教学区和斋舍区。主体建筑是文庙，大成殿两侧建有廊庑，陈列先圣先贤像。其他建筑有明伦堂、崇文阁、敬一亭、启圣祠、尊经阁、名宦祠、学舍、斋庐等。斋庐前的长廊上安放一排宋代的石经。正南的棂星门外竖着科举题名牌，上面雕刻着历代考中进士、举人的名录。学宫前辟有池塘，称“泮池”，并有射圃供生员朔望演习弓射。明清两代，金华府学多次修建。

府(州)学属中学性质，由学官掌管。学官称博士、教授、学正、训导。学生称生员，俗称秀才。入学有严格规定，童生须本县考试、府(州)学考试、省学政考试才能录取。

北宋初，金华州学以“九经”为学习内容，南宋实行“分斋教学”和“三舍法”，建立具有特色的教学制。元朝，金华路学除儒学外，还教医学、蒙古学和天文学。明朝，教学以儒家经典为主，分礼、射、书、数等科。生员有名额限定，除享受官府按月提供的膳食外，其家庭还可免2人的差徭。明中叶后，以学八股文为重点。明代以学规严厉著称，官学明伦堂内有卧碑，镌刻洪武十五年颁布的15条禁例，令全体师生遵守。明、清时，金华府教学十分注重考试，考试分月考、岁考和科考。科考由学政主持，在乡试前一年举行。清代，教学内容主要是熟读《四书五经》《性理大全》《大学衍义》《文章正宗》等，并学制艺试帖。

书院教育

书院作为一种独特的民间教育机构，萌生于东晋，发展于唐五代，兴盛于两宋。书院原为藏书和修书之地，后具有藏书、教学和祭祀三大功能。既是学校，又是研究机构，同时还是一个学术团体，是一种高级形态的私学。

东晋，汤溪人徐播之和颜延之创办的蒙山精舍，为史书记载浙江最早书院之一。南朝宋元嘉年间，徐播之迁九岩山(九峰山)讲学，授徒千人。梁时，刘峻弃官隐居金华山紫微岩石室著书讲学，吴郡、会稽人士多从之。唐神龙年间，徐安贞于九峰山建九峰书院，五代名僧贯休曾于此研习。

南宋，婺州书院兴盛，方志记载的就有30多所。金华有丽泽书院、说斋精舍、道一书院、北山书院、山桥书院和季原堂，永康有龙川和五峰书院，东阳有石洞、友诚、南园、西园、南湖、青溪、高塘、屏山、赢金、洛阳书院和玉山草堂，浦江有月泉书室，义乌有滴珠书院和东岩书舍，兰溪有华石、鲁斋、瀫东、南轩、溢东、仁山、齐芳、重乐书院。较为著名的是金华丽泽书院，永康龙川、五峰书院，东阳石洞书院。著名学者吕祖谦曾主讲丽泽书院，唐仲友、陈亮也曾主持书院，多处讲学，形成闻名全国的金华学派和永康学派。教育家朱熹在浙江任职期间，曾到金华、永康、东阳、浦江等地书院授徒讲学，议论时政，对学术思想的发展产生极大影响。

明初，学院受抑制，至明中叶，重新兴起。金华府各县创建书院20多所，金华有崇正和桐荫书院。清代，各县建立书院40多所，金华有滋兰、丽正、奎光阁、长山和鹿田书院。康熙年间，滋兰书院建于现金华将军路旧东岳宫西，后合并丽泽和崇正书院，于原滋兰书院址建丽正书院。桐荫书院改建为宝婺书院，于乾隆年间改称蓉峰书院。汤溪城西北的汤溪九峰书院建于清乾隆四十八年(1783)，清光绪九年(1883)迁县学东文昌阁(今汤溪中学)。

金华古代书院大都由名师大儒聚众讲学发展而成，故多为自主办学。主持者多为地方名师宿儒或当地官吏，称“山长”“堂长”。入学生童无定额，一般只招收上过经馆或科举落第而成绩较好的学生。生徒多慕名而来，将从师学习和个人学术志趣紧密结合，边读书边研究，没有一定的修业年限。师生多醉心学术，以潜心修炼心性为目标，淡泊仕途，反对追名逐利；以清高脱俗、持志守节相标榜，经常与统治者推行的政策和直接利益发生矛盾。因而，明清时期，朝廷对书院加强控制。教学内容须经官府批准，根据科举考试要求，教授学生熟读四书五经，学八股文，同时学习制艺贴经及诗赋，以备应举。亦旁及史书诗文，书院渐趋官学化。但学术空气较浓，学生以自学为主，个别钻研、互相问答与集体讲解相结合。

书院普遍重视藏书，除请求朝廷颁发书籍外，还收藏赠书，派人四处购书。专建藏书楼和书库，由专人掌管。部分书院自己刊印书籍。因而不少书院成为当地藏书最丰富的场所。祭祀活动是书院教育一大特色，与佛道寺观不同，供奉本学派创始人，或与该学院有密切联系的代表人物，以提高书院的社会地位，表明或保持该书院的学派特点和学术特色，因而成为一种生动的教育形式。

讲学和学术研究是书院主要活动内容。书院一般每月授课二三次，讲学人可聘请，或由书院主持人自讲，有的地方官员也到书院授课。有的书院还实行高足弟子代讲。通常主讲者每讲立一主题，明立宗旨，讲授其研究心得和研究成果，生徒边听边问，形成讨论式教学。不同学派名师可以相互交流辩论，形成学术争鸣，逐步演变成各书院轮流主办“讲会”制度。名师讲学，本地官员、士绅、民众、外地士子均可听讲，有的波及数郡县，听讲者达一二千人。名师讲学常把所讲内容整理成讲义，学生听讲笔记也常汇总整理起来，成为珍贵文献。

书院有严格的学规。明清时，书院考试有旬、月、季考，旬考由山长主持，月考、季考由学官主持，并有奖惩。书院经费主要来自私人捐助、家族出资或政府拨给的院田。清末，废科举办学堂，金华各地书院先后改为中、小学堂，书院名废。

古代私学教育

唐末至五代，藩镇割据，政局动荡，金华境内私学较官学发达。许多名儒开学馆、立书院，为宋初书院的起源。至宋元时期，私学有新发展，书院兴旺，形成相对稳定的教学内容和教学形式，影响深广。南宋时期，随着政治、经济和文化中心南移，婺州书院兴盛。其后，朝廷加强对书院的控制支持力度，书院教育逐渐成为半官方半民间的教育模式。

私塾为古代基础教育的民间教育机构，因办学情况不同，分为：富裕人家聘请教师在家教读子弟的，称坐馆、教馆；一族一村延师择馆招收学童就读的，称族塾、村塾；教师设馆招收学童就读的，称门馆。

私塾多以祠堂、庙宇、厅堂做学舍。收取学童，不限年龄，以五六岁至十二三岁为多。规模不一，人数不定，学习程度参差不齐，没有固定学习年限，无上下课制度，采取个别教育形式，重熟读背诵，轻释义理解。学规严苛，体罚盛行。私塾有蒙馆、经馆之分：蒙学是古代以识字为起点的民间教育，属初等小学教育性质。蒙馆以认字、习字为主。经馆则教读经、传、诗、文，学制艺试帖，练习作诗，学做八股文。金华著名的私塾南宋时的吕氏豹隐堂、明代一乐堂等。清代，农村四五十户之村即有私塾，已在城乡普及。

免费入学的私塾成为义塾。宋景定二年(1261)，东阳蒋沐创建横城义塾，曾聘淳安状元出身的方逢辰为师，各地学生不远数百里来此就读，学生多达600多人。从创建至明洪武期间，横城义塾历经120年，中间虽有废止，然教学之风一脉相承。刘基所题"两朝义塾"匾额至今犹存。明代兴起官绅富翁捐资、宗族置学田办义学。义塾的校舍，因宗族经济实力或捐资人所出资金的多少，而有规模大小之别，新旧陋繁之异。

清末废除科举，兴办学堂以后，部分学塾先后改办为小学堂。由于学堂数量不多，师资不足，不能满足于学生上学的要求，故私塾在较长时间内仍与学堂并存，直至民国时期仍有私塾。

古代科举情况

科举制度创于隋。唐代开始，每岁一举。浙江最早的进士为唐贞观年间(627—649)的4人，其中厉文才为东阳人。天宝四年(745)，金华张志和中明经科。贞元年间(785—804)，东阳冯楼村冯宿、冯审、冯定、冯宽同胞4人中进士。元和年间(806—820)东阳泉塘舒元舆、舒元褒、舒元迥、舒元肱同胞4人中进士。

宋代，据《金华府志》和各县县志记载，金华各县中进士的有691人，其中状元4人：北宋永康人何涣，南宋永康人陈亮、金华人刘渭、义乌人王龙泽。金华人吕祖谦和唐仲友都是中进士后复中博学鸿词科。兰溪人范瑞臣中榜眼。东阳人曹冠于绍兴二十四年(1154)进士及第，乾道五年(1169)第二次中进士。东阳有武进士71人，其中厉仲祥等6人为武状元。兰溪人章梦飞于1247年考中武状元(进士)。

明代科举制愈益详备。金华府学和各县县学生员每三年一次到杭州参加省里举行的乡试，取中者为举人。举人得应次年在京都举行的会试，取中者为贡生，得应殿试。举人经过会试、殿试登第者称进士。殿试一甲第一名称状元，第二名称榜眼，第三名称探花。明代，金华府各县有榜眼4人，探花9人。嘉靖年间，兰溪人唐汝楫中状元；弘治年间，金华府中进士4人，全为兰溪籍。另外，府学、县学每年选送资深廪生入国子监肄业，称“岁贡”；岁贡之外选考学行兼优者充贡，称“选贡”；逢朝廷庆典增加名额，称“恩贡”；生员纳资天监而得监生，称“纳贡”(例贡)。明代，金华府学岁贡224人，金华府各县例贡998人。

清同明制，但录取名额较明代为宽。金华县朱秋魁乾隆年间中武状元。清光绪二十九年(1903)，兰溪刘焜成为金华最后一名进士。清末推行近代教育，于清光绪三十一年(1905)废除科举制度。

基础教育和高等教育概况

20世纪80年代金华学校数量多，但教学设施落后，师资严重缺乏。1982年，全省小学升初中的比例排名，金华列倒数第一。金华市创造性地采用“减法”思路，即通过调整教育布局、撤并学校，整合教育资源，提升办学质量。1984年，金华在全省第一个通过“普及初等教育”达标验收。1985年金华取消小学升初中考试，开始实施九年制义务教育，比《中华人民共和国义务教育法》规定早了一年。1986年到1990年，全市改造校园危房7.53平方米，新建校舍9.61平方米。

1996年，金华市“全面实施义务教育”通过验收，比国务院提出实现“两基”工作目标提前了4年。1996年浙江省第一批省级重点中学评比，全省评出11所，金华占了3所，数量最多。省教育十强县评比，金华占了5席。金华教育普及向两端延伸，公办高中加快整合、条件改善，民办幼儿园、高中雨后春笋般兴起，幼儿园及高中招生规模快速扩大。至1998年，金华高考上线人数和录取人数连续9年名列全省第一。当时清华大学一个课题组研究认为，金华基础教育水平在全国名列前20位。

到2002年底，全市历史性地完成了8万平方米的危房改造，新建中小学校舍近150万平方米。全市共撤并小学420所、初中24所、高中22所，教育资源有效整合，学校布局趋于合理。市委、市政府把市区百校上网工程列为市政府十大实事之一。2003年，金华开始对低保户等5类困难家庭的子女义务教育阶段和高中段教育实行全免费，金华市教育信息化水平从1999年的全省后3名上升到全省第六位，在全省率先实现了基本普及15年教育的目标。2004年实现全面普及。2005年开始，全市义务教育经费全面纳入公共财政保障范围。城乡教育费附加、捐资助学等多渠道筹措的教育经费，为不断改善办学条件提供了有力支持。各级各类学校的办学条件明显改善，教育教学设施日臻完善，教育信息化程度超过全省平均水平。全市小学减少到669所，校均规模由1990年的87人增加到496人；初中减少到200所，校均规模由572人增加到819人。全市88所中小学建成省标准化学校，新增省一级重点普通高中4所，省二、三级重点普通高中11所，国家级重点职校2所，省一、二、三级重点职校12所。金华教育事业发展水平列全省第四，发展速度列全省第二。2006年秋起，金华义务教育段学生全部免收学杂费，并免费提供教科书，经费实现从人民承担为主向政府承担转变，惠及51万中小学生，每人人均减负500元。2007年，免费金额达9878.52万元，惠及学生94万多人次。助学奖金持续扩面，不仅降低了入学成本，还优先保证了就学机会的平等。基础教育的普及水平、发展水平持续保持高位发展态势，位居全省前列。

教师队伍建设方面，招收师范类学校毕业生进入教师队伍。对于留在一线的其他教师，通过在职进修、全员培训、校本教研等多种途径提升素质。2005年，全市2/3小学教师有大专及以上学历，50%初中教师、90%以上高中教师具备大学本科及以上学历。实施全市中小学教师素质提升工程，11967名小学教师、8987名初中教师接受培训。用实物投影仪、多媒体课件、网络资源等现代元素代替沿袭几十年的黑板、粉笔加教材的教学方式。

通过加大重点高中的建设和扶持力度，调整撤并20余所农村薄弱高中，金华市建成一批高规格的现代化高中。金华一中、东阳中学、义乌中学、金华二中等一批省重点中学办学规模迅速扩大。民办普高、职高也迅速发展，招生数分别占招生总数的近20%。优质资源不断扩大，整体规划不断加强，教育文化力和统筹力整合增强，资源优势正逐渐转化为“学在金华”品牌。

2015年，金华共有各级各类学校2145所（不含技工学校），在校生104.2692万人，教职工79387人。其中小学396所，在校学生41.2721万人；初中178所，在校学生15.7715万人；普通高中66所，在校学生8.335万人；职业高中22所，在校生4.3507万人；特殊教育学校9所，在校学生854人；全市共有省、市属高校9所，在校学生8.6327万人，其中普通本科高校2所，在校学生3.4976万人；高职院校5所，在校学生4.7309万人；成人高校2所，在校学生4042人。全日制在校研究生4014人。全市幼儿园1460所。十五年教育普及率99.58%。小学入学率、巩固率100%；初中入学率、巩固率100%；初中毕业生升入高中段学校比例98.59%，升入优质高中比例83.34%。

婺学概况

宋元以来，婺州（金华）逐渐成为学术区域化发展的一个重镇，名儒接踵，人文荟萃，赢得“小邹鲁”和“东南文献之邦”的美誉，并形成颇具特色的学术思想体系——婺学。婺学包括以吕祖谦、唐仲友为代表的金华学派和以陈亮为代表的永康学派，他们各抒己见，自成体系，对当时全国的思想界、学术界产生过不小的影响，在中国学术文化史上占有重要一页。南宋时期，政治、经济中心南移，浙江都市商业繁荣，随之教育文化发展，人文鼎盛，为全国之冠。当时，出现了提倡经世致用、注重事功的浙东学派。浙东学派包括婺州学派和永嘉学派，两者相比，又以婺州学派为最盛。

婺学受程朱理学、陆王心学及永嘉经制事功之学等影响，又颇具环境、民风、习俗以及士人的学风所形成的地方特色，在当时众多学派中得孔门正传而特色鲜明。它既承认存在于事务普遍规律即“理”或“天理”是永恒的存在，又认为“心”是认识“理”和驾驭“气”的主宰，主张运用适得事理之宜的中庸之道将它们高度统一起来，倡导文道并重、经史并重、道德与知识并重、心性与事功并重。与程朱理学和陆王心学相较，不同之处主要有二：一是程、朱、陆、王都专重内在的心性而讳言外在的功利，而婺州学者大都主张心性与事功并重；二是程、朱、陆、王都把修养心性看成超越于功利之外的独立学问，而婺州学者大都主张把修养心性贯彻于事功之中，即道德的价值应从济世安民的事业中体现出来。所以，程、朱、陆、王之“道学”旨在修养道德心性之学，而“婺学”旨在经世致用之学，把修养道德心性的内容包含在造就经世致用之学的内容之中。比较而言，婺学坚持“内圣”的道德与“外王”的事功高度统一的主张最能体现孔门的宗旨，也最符合立身处世和社会发展的客观规律。

婺学的内容极其博大精深，主要包涵心性道德之学、经世事功之学、经制之学、经史文章之学以及教育学等方面，且都有代表性人物和特点。东莱先生吕祖谦的心性道德之学，龙川先生陈亮的经世事功之学，说斋先生唐仲友的经制之学。婺学倡导经史并重的经史文章之学，重视历史经验加以研究并为现实服务，主张对历史上好的东西要继承发扬，更要爱护和扶持新的东西，对于旧的不适合时世的东西则要变革。

婺州学者肩负传道、授业、解惑重任，即使从政位居显要也大多门生众多足以师表当世。婺学以“明体达用”为宗旨的教育模式，重视开物成务，主张用实学教育佐治人才，真正学以致用，培养能够做出一番有利于国计民生的事功来的人才。

婺学发轫于北宋中期，盛于南宋，历宋、元、明三代经久不衰，流派众多。北宋时，儒学发展成为以探讨义理的致广大而尽精微的道学。道学先驱胡瑗弟子东阳滕元发、浦江朱临、兰溪杜汝霖把道学的“经义”和“治事”相结合的“明体达用”之学带回婺州，开创婺州学术界义理与事功并重的务实之风。与此同时，永康徐无党仕郡教授，开创婺学兼重经史的学风。兰溪范浚开创心性与事业并重的香溪之学。金华潘良贵、王师愈和潘畤，兰溪徐畸、东阳郭钦止为代表的一批学者也逐渐把探索道德性命为主的二程理学传入婺州。

南宋时，宋王朝迁都临安(今杭州)，浙江成为全国政治、经济、文化中心，浙江籍的官吏明显增多。各派学术思想汇聚于浙江，浙江成为全国学术思想最发达的地区，浙东的学术发展成各具特色的按地域划分的学派，其中就有以吕祖谦、唐仲友、陈亮为代表的婺州学派。

吕祖谦受家学熏陶，得伊洛正传。后调和朱熹、陆九渊两家学说，兼收并蓄而成心性道德之学。治学主张兼取各家所长，打破学派之间师承门户的森严壁垒。与朱熹、张栻并称“东南三贤”，为南宋理学三大师之一。他在婺州丽泽书院、武义明招书院讲学授徒，从者云集，形成了以丽泽书院成员为核心的金华学派。金华学派的另一代表人物唐仲友，著述颇丰，以经制之学闻名于世。陈亮是永康学派的代表人物，他力主抗金，专注事功之学，抨击空谈。南宋之后，各家学说在金华融合荟萃。出现了朱子嫡传何、王、金、许北山四先生，明代“开国文臣之首”宋濂等一大批鸿儒硕学，对浙江乃至全国儒学发展做出了巨大的贡献。

民间信仰

旧时金华各地都造有庙宇，塑各种神像，有安邦护民的思想。神的种类繁多，有自然神、人文神(如黄大仙、胡公、朱丹溪、叶法善)、佛道神、中华始祖神等。

旧时金华祀神甚杂，香火断续。有历朝明令必建的文庙，城隍庙，东、西岳宫，东、西总管殿，忠烈祠；有都庙、保庙(金华城共54保)等地区性庙殿；有独立的村本境庙、土地庙、龙王庙、财神庙、山皇庙等；还有会馆、天后馆、万寿宫、新安会馆等。三国吴黄武元年(222)建的琅琊徐村的白沙庙最早。唐武德年间建孝顺城隍庙，宋治平元年(1064)建金华府城隍庙，明成化八年(1472)汤溪城隍庙建成，弘治年间金华县城隍庙建成。清光绪年间，金华城方圆10里有89所神庙。清末，全市较有规模和影响的庙宇，供奉胡则66处，观音53处，关羽49处，钱鏐27处，陈文嵩24处，其他祀奉对象120位。1948年，金华境内神庙429所。其中，供奉关公56所，供奉胡公55所，供奉观音45所，供奉其他神主273所。

佛教三国时传入金华后，境内名刹林立，高僧辈出。金华法幢寺、智者寺及义乌双林寺和浦江龙德寺至今仍有较大的影响。中华人民共和国成立后，寺院有增无减。后经破除迷信运动和“文化大革命”境内所存寺庙无几。1980年，佛教信徒开始自发筹资修复少数寺庙。1985年，全市由政府出资修复寺庙33处。2003年，金华市佛教协会成立。

东汉时，金华即有道教传播。黄大仙名扬天下。南朝至唐宋代，金华道教香火鼎盛。明清时，金华设道会司。民国时，道教依然盛行。民间屡有做法事、道场活动。1978年改革开放后，部分道观予以重修重建。

明崇祯十六年(1643)，意大利人耶稣会士卫匡国到兰溪传教，后两度留居兰溪并建教堂。宣统后，金华府属八县陆续建教堂22所。1949年，金华有天主教徒780人，神父8人，修女6人。1999年，成立金华市天主教爱国会。

清同治三年(1864)，美籍传教士那尔敦在金华唐宅设教会。此后，各国传教士纷至沓来，足迹遍及金华城乡。以施米、施粥、施布及办医院等发展教徒，

黄大仙祖宫

广建教堂。中华人民共和国成立前夕，金华有基督教堂124处，信徒8101人，牧师8人，长老29人。1981年金华全市恢复三自爱国组织。

改革开放后，穆斯林商人到义乌经商，设立临时礼拜场所。1996年后，到义乌穆斯林商人越来越多，开设清真餐馆，设立伊斯兰教临时宗教活动场所。2000年后，境外巴基斯坦、阿富汗及中东地区穆斯林商人到义乌不断增多，日常参加宗教活动的800至1000人。2005年5月建成义乌清真寺。

金华市是全省宗教工作重点市之一，婺城、金东、兰溪、东阳、义乌、永康6个县（市、区）为省宗教工作重点县。全市五大宗教齐全，2015年登记备案的宗教团体有36个：市级宗教团体5个，分别是市佛教协会、市基督教协会、市基督教三自爱国会、市道教协会、市天主教爱国会，县（市、区）宗教团体31个。全市经批准的宗教活动场所有541处，有经认定备案的宗教教职人员995人、信众40余万人。全市各类民间信仰场所2973处，其中586处已通过审核并完成登记编号工作。

文学创作

金华文学创作源远流长，自唐代以来，代有名家传世之作，历来文学创作活跃，成就不凡。

东汉初年，龙丘苌笃志于学，耕稼为业，与严子陵、钟离意为友，道德文章为世所重。唐代，义乌骆宾王少负才名，为"初唐四杰"之一，他久戍边城，诗风悲愤激昂，一扫齐梁浮艳之风，开唐代边塞诗先声，《在狱咏蝉》《帝京篇》被视为当世绝唱。骆宾王特擅新骈俪文，所作《为徐敬业讨武曌檄》，淋漓尽致，流传千古。有诗集《骆临海集》行世。唐代东阳冯宿与韩愈友善，以古文名于时，著有《冯宿集》。开元天宝年间，金华徐安贞工五言诗，又善骈文。中唐诗人张志和自称"烟波钓徒"，创渔歌体，为文人词开拓者，所作《渔歌子》词脍炙人口，著书《玄真子》并以此自号。唐末义乌诗僧贯休，俗名姜德隐，云游各地，蜀主王建赐号"禅月大师"，诗风奇崛，常讽刺统治者骄奢淫逸，有《西岳集》行世。五代金华僧人保暹，与希昼、文兆、惠崇、宇昭等合称"九诗僧"，作品收入《九诗僧集》。

宋代宗泽，诗作从抗金将领角度反映当时形势，别有特色。陈亮为南宋著名词人和思想家，诗风豪放，充满爱国激情。所作政论气势磅礴，笔力雄健。有《龙川文集》和《龙川词》流传于世。武义巩丰，尝从朱熹学，作诗多至3000余首。金华高旃与其叔伯等人皆有诗名，时称"金华五高"。高旃还善词，有《癖斋小集》《杜诗发微》传于世。其余如潘良贵、郑刚中、范浚、倪朴、林大中、唐仲友、吕祖谦、吕祖俭等均为大家。所作奏议、记事、史论等为世瞩目。

宋末元初，浦江方凤，人称南岩先生，与吴渭等组织"月泉吟社"，曾以《春日田园杂兴》为题发檄征诗，涉及东南七省，得2735卷，为一时之盛举。胡长孺、许谦、方凤、吴莱、黄溍、柳贯等人文字质朴，议论精辟，著作丰富，均有大量诗作传世。元代，兰溪吴师道工辞章，诗歌清丽俊逸。元末明初，宋濂被朱元璋称为"开国文臣之首"，明初庙堂典册文字，开国功臣神道碑文多出其手笔，高丽、日本、安南等国使学者尝以重金求其新作，著有《宋学士全集》75卷，其中传记《秦士录》《王冕传》《张疑传》《记李歌》等尤为著名。著有文学评论书籍《文原》上下篇，力主义理、事功、文辞三者统一。王祎、姜琏、章懋、程文德、胡应麟等人作品也为当时上品。宋濂之子宋璲诗律工整，与王祎之子王绅并称“婺中二隽”。胡应麟著有《少室山房类稿》《诗薮》《少室山房笔丛》等，议论见解独到。义乌金涓也为明初知名学者和诗人，留有《青林遗稿》。明末清初，有女诗人倪仁吉、吴绛雪，其诗或凄婉苍凉，或清新俊逸，各有诗集传世。

清乾隆年间有叶蓁，名噪江南，时称“江南五才子之首”，诗文并佳，英年早逝，作品多散佚，留有纪晓岚鉴定、李昂青作序的诗集《十栗堂诗抄》及《悼亡诗》，还著有《脱颖篇》《胰盘篇》《台山游草》《北杭集》《北游草》《感椿录》《惠山集》《古文五卷》等。东阳楼上层才学出众，屡次征召不赴，唯请其修金华志书欣然应命，长于史论，常力排众议，独辟蹊径，著有《平江集》。兰溪李渔被称为“东方莎士比亚”，著有短篇小说集《无声戏》《连城壁全集》《十二楼》。所作戏曲传奇《奈何天》《比目鱼》《风筝误》等10种合成《笠翁十种曲》。其所作《闲情偶寄》中，系统地提出戏曲理论，其中词曲部从结构、词采、音律、宾白、科诨、格局等6个方面论述戏曲文学，演习部从选剧、变调、受曲、教白、脱套等5个方面论述戏曲表演，是中国文学史上罕见的与实践相结合的戏曲理论著作。金华民间文化繁荣，民间创作作品丰富，《聊斋志异》记载发生在“金华北郭”的狐鬼故事《聂小倩》就是金华民间文学的例证。

辛亥革命前后，蒋倬章、张恭、金兆丰等人多作愤世感时之诗。五四运动后，涌现大量白话诗，冯雪峰、潘漠华等组成“湖畔诗社”，出版诗集，为社会瞩目。冯雪峰还创作了电影文学剧本《上饶集中营》。20世纪30年代起，艾青在诗坛崛起，作品集《大堰河》《春天》《彩色的诗》

艾青纪念馆雕像

等被多国翻译，被誉为诗坛泰斗。吴晗、王西彦、曹聚仁、何家槐等名家相继涌现。吴晗的新编历史剧《海瑞罢官》以及与邓拓、廖沫沙合著的《燕山夜话》知名度很高。鲁兵创作了《泥巴孩子》等一大批儿童文学作品。

改革开放后，金华文坛创作队伍重新整合，佳作迭出，作品形式渐趋多样化，小说、诗歌、散文、戏剧、儿童文学、报告文学、杂文、影视作品、网络文学百花齐放。1990 年起，金华市作家协会编辑出版《金华作家文库》5 辑共 54 本。2003 年，第九届华语国际诗人笔会在金华召开。金华作家多次获省以上奖项。

2006 年，全国著名儿童文学理论家蒋风在第二届世界儿童文学大会暨第八届亚洲儿童文学大会上获儿童文学理论贡献奖。2009 年，《文化的金华》《赵荫华的人生历程》分获首届“中华之魂”优秀文学作品一等奖和特等奖，《信念，撑起他的艺术人生》获新中国成立 60 周年中国时代新闻人物优秀文学作品一等奖。2011 年，报告文学《让百姓做主》获第二届全国短篇报告文学奖二等奖。剧本《妈妈们的青春往事》完成拍摄，并在中央电视台电影频道上映。蒋风获得世界儿童文学评论最高奖第 13 届国际格林奖。2012 年，武义作家汤宏英（汤汤）获冰心儿童文学奖，其系列童话小说被人民文学出版社等多家出版社出版发行。李英的报告文学《忠诚在天》获“五个一”工程奖。2013 年，汤宏英再获全国优秀儿童文学奖。2014 年，省内首个儿童文学创作基地落户金华。2015 年，汤宏英的《水妖喀喀莎》荣获陈伯吹国际儿童文学奖年度单篇作品奖。李英的《第三种权利》获中国作协重点扶持项目。林隐君获“中国•红豆杯”当代爱情诗大奖赛征文二等奖、首届“茅台杯”全球诗歌征文优秀奖、桃花潭杯•世界华语诗歌大奖赛优秀奖、第二届“魅力临夏•良恒杯”全国散文诗歌大奖赛三等奖。

书画源流

国画 唐末五代，兰溪贯休以扩大罗汉面部特征的绘画手法，为后世所宗，人称“梵相”。其传世作品《十六罗汉》，为中国古代绘画瑰宝。宋、元、明时期，宋濂、戴良等人在理论上对书画作阐述和发展。宋濂在《画原》中提出“书画同源”理论，被后世奉为圭臬。

清代初期，金华书画以浦江倪氏一家(包括倪一麐、倪宜子)为著。其山水、人物，取法于赵孟頫、唐寅、文徵明。倪仁吉的《仕女图》，用笔纤巧挺劲，颇具神韵。康熙、乾隆时期，王稷、蒋兴俦的绘画艺术名噪一时。杜鳌、姜岱的指墨画为时人所重。太平军入驻金华时方梅生、李维贤等太平军画师创作了大量反映太平军军事、生产、生活的绘画，金华太平天国侍王府壁画中就有他们的手迹。清末民初，国画大师黄宾虹，绘画手法深厚华滋，神韵独具，艺术成就极高，誉为20世纪中国山水画第一大师。

20世纪20年代，浦江黄鹤、张子荃、陈善哉、张爽甫的设色花卉，孔尚庆、吴士维的泼墨芦雁都着意创新，各具特色。30年代，浦江出现一批绘画艺术造诣很高的画家，尤以吴茀之、张书旂、张振铎成就卓著。1932年，他们与诸闻韵、潘天寿结成白社，研究画艺，展览作品，探讨绘画风格，在美术史上光辉的一页。

黄宾虹公园

1939年，张书旂创作的巨幅《百鸽图》，由蒋介石题词并以国家名义赠送给美国政府，礼贺美国富兰克林•罗斯福三连任总统，一时轰动画坛。吴茀之长期担任美术院校教授，作画独辟新格。郑祖伟的大写意人物、山水、花鸟，苍劲古逸，泼墨淋漓。此外，东阳邵逸轩在京兴办逸轩书画社，永康李懋康等人组织白鹤书画社，有一定社会影响。

中华人民共和国成立后，浦江的柳村、张岳健、张世简、袁飞、方增先、吴山明的意笔水墨绘画，为中国画坛所瞩目，浦江因此有“画乡”美誉。义乌吴劳、贝瑛仁、朱恒，东阳王之英，永康胡振郎，武义潘絜兹等创作活跃。

书法 金华书法艺术源远流长，书家辈出。唐末五代兰溪人贯休，以诗名，工篆隶，精草书，为著名诗僧和书画僧。《书诂》《书小史》《宣和书谱》《书史会要》等对贯休的书法多有赞誉。

北宋大书法家黄庭坚，祖籍金华，与苏轼、米芾、蔡襄并称“宋四大家”。他在《宋故徐纯中墓志铭》自署“金华黄庭坚撰并书”。其书作《苏轼黄州寒食诗跋》《松风阁诗卷》《廉颇蔺相如传》《王、史二长者墓志稿》《诸上座帖》等皆是书法史上的经典之作。金华学派的扛鼎人物吕祖谦，工书法，为世人所重，有《上覆帖》存世。金华叶衡精书法，尤擅行书，有《初冬薄寒帖》存世。金华王淮，书法重师古，自有新意。2003年4月，上海博物馆耗资450万美元购入流失在海外近一个世纪的国宝文物北宋《淳化阁帖》，引起海内外的关注。其中第八卷的末页，有王淮近百字的行楷题跋，是考定该帖为北宋祖本和现存善本重要依据之一。东阳葛洪工书法，长于行、草书，有《致仁仲府判尺牍》存世。东阳乔行简有《孔勤帖》存世。金华王柏有《赞宗泽碑刻》存世。

元朝兰溪柳贯善楷书，工篆籀，行书甚妙，精鉴赏，《三希堂法帖》收有他的手迹。黄溍书法自成一家，有《兔颖贴》《跋兰亭图》等存世。明代，宋濂祖孙三人书法俱佳，有“国朝羲献”之誉。宋濂精细楷，善草书，其书清古有法，小楷端庄工整，挺拔精研，能一黍上作十余字。明代精细楷者，濂一人而已。《书史会要》等称濂楷书在明初一人独擅。宋燧为宋濂次子，书法诸体皆精，大篆姿媚，解缙评其小篆之工为“国朝第一”。草书沉顿雄快，故宫博物院藏有其行书《敬覆帖》。清初，著名戏剧家李渔善书法。浦江东皋心越，俗姓蒋，名兴俦，善书画，工篆刻。康熙间东渡扶桑，为日本曹洞宗寿昌派开山祖，双目失明后犹能作书。东阳吕铭，金华黄济川、叶熙、磐安叶蓁、蔡守台等均有书名。

近现代，大艺术家黄宾虹精篆籀行楷，善篆刻，于秦玺汉印颇有研究。有《金石书画编》《古文奇字考》《黄宾虹书法集》等出版。金华金兆丰工书法，善行、楷，《书法大成》收有他的中楷临范，另有《金书小楷》《临龙藏寺碑》等出版。永康人应均，精书画、善篆刻、能诗，深得书法家于右任推许。金华人陈尧山，精书法，又善篆隶小行书，工篆刻。金华人金维坚，工篆刻，善篆隶行。毕民望，原名盛霖，金华人，省文史馆馆员，工篆刻、善篆隶。武义人叶一苇，西泠印社常务理事，省文史馆馆员，工篆刻，善书法，能诗，为当代著名印学研究学者。义乌人王景芬，书法理论家，善行草，曾任中国书法家协会常务理事、学术委员会副主任、研究部主任、书法培训中心主任，有《书法基础知识》《中国书法艺术自修指南》等出版。义乌人金鉴才，曾任《西泠艺丛》主编、中国书法家协会学术委员，现为浙江省书法家协会副主席、西泠印社副秘书长兼国画研究室主任；精书法篆刻、善画、能诗词，有《金鉴才作品集》等出版。金华蒋莲僧、邵泳棠、王延扬、金兆梓、丁绍宽、丁绍恒、黄人望、兰溪柳屏山、向镛、诸葛枚、汪葆元、赵仲文、章锡智、郭宝忠，浦江黄莘耕、黄尚庆、黄玉蟾(女)、吴士维、徐元昌、陈善哉、张爽甫、徐察人、张咸缪，永康吕公望、曹世治、东阳邵飘萍、李同、胡振中、俞涤尘、吴亦沈、马正春，义乌陈棣生、傅典虞、沈梁，磐安陈式方、陈洪畴、陈哲甫、张浩均为名赫当世的书法家。

篆刻 金华篆刻名手辈出，清初，兰溪姜正学，酒酣操刀，鬼斧神工，有石破天惊之力。浦江人东皋心越(蒋兴俦)，康熙年间(1662—1722)东渡扶桑，将篆刻艺术传播于日本，所治印章不为古法所泥而自成一格，有《自刻印谱表》传世，被奉为“日本篆刻之父”，得到日本国人宗仰。金华章镗篆刻出入秦汉，兼收皖浙诸派之长，著《篆刻抉徽》。

民国时期，金华陈尧山善篆刻，作品存世颇丰。兰溪郑止斋，原名郑慎，工金石篆刻，精楷、钟鼎、汉魏，自制印谱二册。国画大师黄宾虹善篆刻，收藏秦玺汉印至丰，有《龙凤印说》《宾虹藏印》等出版。金华金维坚，篆刻初从朱孔阳启蒙，后入篆刻大师邓散木之门，印作好奇古，以古玺风貌出之为多。任西湖博物馆长兼浙江大学教授时，于龙泉发起组织浙江龙渊印社，有天下第二印社之誉。著有《龙渊印社社史记略》及《万绿庐印存》。20世纪50年代后，金华毕民望，师从篆刻大师邓散木，为龙渊印社十位创始人之一。

古代刻书

宋代，婺州为浙江主要刻书地区之一。金华、东阳、兰溪等地县皆有刊刻。金华刻书较有影响的官刻书有：《周易程氏传》六卷，婺州府学本；《嘉祐新集》十六卷，婺州州本。私人刻书有：婺州车门巷唐宅刻《周礼注》十二卷；婺州义乌县蒋宅崇知斋刻《礼记注》二十卷；另据叶德辉《书林清话》载，蒋宅另刻有箱本《礼记》五卷，书牌有记，为"婺州义乌酥溪蒋宅崇知斋"；婺州东阳县王宅桂堂刻有《三苏文粹》七十卷。此外，还有书坊刻书、书院刻书等。金华书坊中刻书较有名气的是双桂堂，南宋景定三年(1261)刊《梅花喜神谱》二卷，是中国最早的一部画谱。金华书院刻书以丽泽书院最著名。绍定三年(1230)，丽泽书院刻印的司马光《均韵指掌图》二卷，至今尚存，是我国宋版"书院本"中的珍本书。

元代金华刻书不如宋代之盛，稽考文献亦有数种，以浦江县为多。

明代金华刻书，据文献记载有：《宋潜溪集》《宋学士文粹》《续文粹》《义门黄先生集》《续研几图》《旌义编》《麟溪集》《胡仲子文集》《清溪集》《和陶集》《梦山稿》《苏平仲文集》《郑氏家规》《鲁斋文集》《黄晋卿集》《吴渊颖文集》《唐渔石集》《金华文统》《黄文献公集》《王文忠公集》《九灵先生集》《药房居士集》等。

清代，金华刻书事业依旧繁盛，推动了金华地方文化的继续发展。

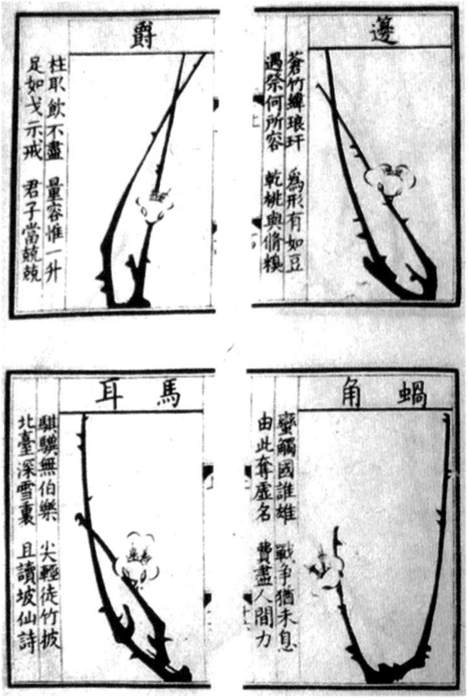

梅花喜神谱

木 雕

东阳木雕为浙江著名的“三雕”之一，居中国四大木雕之首，是中国最负盛名的传统木雕制品种。东阳木雕大致可分为圆雕、深雕、浅雕、镂空雕等品种，以浮雕最普通，深雕最有特色。东阳木雕广泛应用于建筑装饰家，家具装饰和工艺品等。建筑装饰主要用于祠堂、庙宇、亭阁、楼台等。楣、头拱、插尾、梁锁等饰有深雕，门窗堂板、锁腰、大肚板、天头饰以浅雕，窗格、栏杆、廊檐多饰以镂雕。东阳木雕题材多取材于传统的吉祥如意、戏剧人物图案、山水、鸟兽、花卉、虫鱼等，有1000多个花样品种，以其多层次，散点透视，保留平面的艺术处理形式而独有特色。

商周时代，东阳木雕已经出现。至唐代，形成其艺术风格和装饰手法。至宋代，更注重精细加工。1963年出土的北宋南寺塔(建于961年)木雕佛像，是现存最早的东阳木雕作品。明代，木雕应用于建筑和家具装饰，初步形成完整独特的艺术风格体系，“肃雍堂”(建于1456年)是其典型代表。现存明朝时期卢宅木雕古建筑群，工艺精湛，被誉为“东方艺术瑰宝”。清代，嘉庆、道光年间，数百名木雕翘楚应征到京城，从事皇宫雕饰直至清末，宫中龙廷、家具、陈设欣赏木雕，多出自东阳人之手。木雕技法上精雕细刻，装饰性、实用性、欣赏性更趋完美，注重对生活和大自然的观摩，追求逼真。精致、细腻、秀雅的艺术气质。至清末，木雕由建筑和家具的装饰发展为工艺品制作。木雕工艺品由产品变为商品，开始行销海外。

民国时期，木雕艺人流向城市，经营方式由上门加工转向工场生产。1914年，东阳人在杭州创办杭州仁艺厂，成为东阳木雕生产的第一个专业厂。1915年，在巴拿马万国博览会上，仁艺厂生产的木雕箱架、书箱获大奖，室内陈设木雕工艺品获金牌奖。1922年，仁艺厂举行木雕技艺比武，经过行家评议，公认杜云松为“雕花皇帝”、黄紫金为“雕花宰相”、刘明火为“雕花状元”、楼水明为“雕花榜眼”。尔后，东阳木雕工厂在中国香港、台湾地区和新加坡等地开设分厂，产品通过杭州、上海、香港等地出口。

1954年，人民政府把木雕艺人组织

东阳木雕城

成木雕合作小组，专业从事木雕工艺。杜云松创作的《梁红玉击鼓抗金》，人物造型逼真，被评为中国美院华东分院自制设计创作第一名。1956年，赵金清主持杭州灵隐寺释迦牟尼大佛重建，动用26吨香樟，切块分离，拼凑复合，计算制作，天衣无缝，人称“东阳活鲁班”。

1999年12月，开办东阳工艺品市场(专业街)。自2001年，木雕行业形成以民营为主体、以龙头企业为核心、专业厂家为中坚、家庭作坊为依托的生产体系。2002年8月，建成东阳市工艺精品馆。2013年3月29日，东阳中国木雕文化博览城开工奠基。11月8日，第8届中国东阳木雕竹编工艺美术博览会开幕。2015年11月，中国木雕城二期项目——东阳中国木雕博览城正式对外营业。

竹编

东阳竹编，从编制简单的生活用具开始。宋代，以竹编元宵节的龙灯、花灯、走马灯。明清时，竹编制品成为工艺品，并被列为贡品。同治年间，东阳艺人马富进编织一对三层托篮，用工3年零6个月，漆工100天。这对托篮，造型精巧，现珍藏于北京故宫博物院。1915年，马富进编制的《魁星点斗》获巴拿马国际博览会金奖。1929年，马富进获西湖博览会“竹编状元”奖匾。

中华人民共和国成立后，东阳竹编工艺得到了恢复。1954年，东阳成立民间竹编小组（东阳县竹编工艺厂前身）。1982年，东阳竹编开始应用于园林建筑和装饰，在杭州西湖阮公墩建造仿古庄园式的竹制建筑群体。1986年，东阳竹编开始进入国际室内装修市场，为联邦德国汉堡市“新北京酒家”建造一座长6.25米、高3.2米的竹艺大门楼和长24米、高2.8米的“田园厅”。

20世纪80年代，竹编艺人在继承传统工艺的基础上不断创新。东阳竹编艺术品在全国性展览会上获奖54件，获国际大奖4件。东阳工艺精品馆有珍藏竹编精品1000件，其中200余件是省级以上获奖作品。东阳竹编产品逐渐发展为家具、灯具、文具、花具、玩具、装饰品、欣赏品、仿古品等25个大类3000多个花色品种，并以其薄如纸、细如发、编织精细、造型古朴、色彩典雅而负盛名，远

金华老百姓交流非遗项目竹编技艺

竹编工艺品展

销欧、亚、美70多个国家和地区。

东阳竹编有众多珍品。1979年，马宣华编制的大型竹编作品《香炉阁》，采用30多种图案和工艺，配以竹雕、漂白、烫金、印花等技法，造型典雅，玲珑剔透，被选入北京人民大会堂浙江厅陈列，并先后选送日本、美国等地展出，被誉为"中国民间当代竹编的杰作"。1984年，东阳竹编厂创作的长6.19米、高2.68米的竹编屏风"九龙壁"，耗时1万多，历时1年余，选用优质水竹2吨。其编织工艺精巧，工程浩大，在世界竹编史上均属罕见，获第四届中国工艺美术百花奖的金奖，定为国家工艺美术珍品。

1994年，卢光华制作的《兰亭序》壁挂、蔡平义创作的大型竹编人物《渔翁》分别在"中国民间艺术一绝大展"中获特等奖、金奖。1999年，何富礼制作的《咏鹅图》在"中国工艺美术创作世纪杯大展"中获特奖。徐经彬创作的《千禧龙蟠》、何富礼制作的《哪吒闹海》分别在2000年、2001年举办的第二届、第三届"中国工艺美术大师精品博览会"(上海)上获金奖。卢光华制作的《醉八仙》红木竹住节台屏，在2001年"第二届中国工艺美术大师作品博览会（西博会)"、2003年"首届中国竹工艺精品创作大赛"中分别获金奖。2003年，卢光华、何富礼被授予"中国竹工艺大师"称号。2005年6月，何富礼应聘赴北京修缮故宫，负责倦勤斋的竹丝镶嵌和翻簧部分。此外，武义农耕竹编也盛名于世。何文良制作的小巧玲珑的竹编工艺品，作为旅纪念品销售，取得8项国家专利。

婺 剧

婺剧，包括高腔、昆腔、乱弹腔、徽调、滩簧调、时调6种腔调，最早出现于明代，有400多年历史。清代，南戏唱腔中的义乌腔、弋阳腔、余姚腔传入，统一称为高腔。昆曲在民间职业昆班基础上形成金华昆剧。高腔与昆曲结合，两合班的出现，标志婺剧已成雏形。清代前后乱弹、徽戏、滩簧传入金华，多种形式的结合，使婺剧渐趋定型。

婺剧是浙江省第二大剧种，具有古老浑朴、强烈粗犷、唱腔独特、鼓乐丰富、武功见长的艺术特色。中华人民共和国成立前，较大演出团体有叶文锦班、郑荣春班、包金玉班、郭品玉班、新老紫云班、毛鹤龄班等。中华人民共和国成立后，金华有专业婺剧团12家、农村剧团554家。1962年，浙江婺剧团晋京演出，周恩来、朱德、陈毅等党和国家领导人亲临剧场观看并接见演员。毛泽东、刘少奇、邓小平、叶剑英、李先念、陈云、董必武、彭德怀、贺龙、江泽民、李鹏、朱镕基、李瑞环、尉健行、曾庆红等先后观看该团演

婺剧《辕门斩子》

出。婺剧受邀到国外演出，受到世界各国人民高度赞扬。“文化大革命”期间，除浙江婺剧团改名金华地区婺剧团外，其他婺剧团均改为毛泽东思想宣传队。1976年后恢复原婺剧团名。20世纪80年代中后期，民间剧团逐步兴起。

由于金华民间风俗和传统，婺剧演出活动频繁。表演特色有变脸、洪拳、耍牙、耍珠、翻跳穿跃等绝技，保留许多古老的傩戏、百戏、木偶戏和目连戏的表演动作及形式。婺剧行头颇具特色：龙袍硬，可直竖于台；纱帽高，便于台下拥挤的观众看到；把子小，刀枪把子短小轻巧，便于携带；家当全，道具大到城门，小到文房四宝、马桶、锅盖，应有尽有。婺剧服装特色是大红大绿，绣花纹样粗线鲜明，注重硬挺，制作讲究。婺剧脸谱有图案化、性格化和寓意化的特点。

旧时，婺剧布景用一桌二椅进行象征性的虚拟变化。1935年，胡鸿福班演《大香山》台后挂云彩、莲花座(蜡烛)曾轰动一时。1956年浙江婺剧团正式用布景。

2013年，浙江婺剧艺术研究院被列为首批39个“全国地方戏创作演出重点院团”之一。9月，中国婺剧院建成并投入使用。2013年，金华市共有演出经纪机构3家、国办专业婺剧表演团体4个，民营婺剧表演团体近30个。婺剧艺术发展形式多样，影响不断扩大。浙江婺剧团每年都受文化部或省文化厅委派，前往世界不同国家和地区参加艺术交流活动。团内陈美兰、张建敏、杨霞云3人都曾获得中国戏剧梅花奖。2015年浙江婺剧团演出六百余场，赴南非、马拉维、赞比亚、台湾和新加坡进行文化交流和商业演出活动；赴苏州、杭州、广州、东莞和南昌进行文化走亲活动，圆满完成文化部、省文化厅委派的文化交流任务。获得国家级奖项4个，省级奖项8个。婺剧《拷打》获2015年江浙沪国家级非物质文化遗产传统戏剧展演优秀奖，《清澈的梦想》入选第十批省文化精品扶持工程，青春版《穆桂英》获省“优秀保留剧目”，《宫锦袍》确定为国家艺术基金2015年度资助项目。浙婺作为唯一一个非举办地艺术院团应邀赴广州参加“梅花奖”颁奖演出，《白蛇传》获得广州艺术节优秀剧目。杨霞云荣获第二十七届中国戏剧“梅花奖”，入选第五批浙江省宣传文化系统“五个一批”人才；朱元昊荣获第二十五届白玉兰奖主角奖。婺剧经典片段《断桥》亮相2016年新年戏曲晚会，七常委集体出席并观看演出。

金华斗牛

金华斗牛是牛与牛相斗，并与庙会结合，是带有东方文明独特魅力的民间游乐活动。金华斗牛是农业时代祭神的民俗，与西班牙斗牛的狩猎时代遗风不同，具有浓郁的中华民族特色。民间斗牛除了斗牛娱乐大众，更在于以这种方式展示农耕民族爱牛、敬牛、拜牛的情感，并在饲养斗牛中优化牛种。

金华斗牛

相传三国时期，孙权为培养金华当地百姓勇武精神，大兴斗牛之风。婺城区雅畈镇铜山白鹤庙斗牛节风俗由此而来。唐朝韩滉曾在浙江做官多年，画作《集社斗牛图》反映的就是婺州乡村集社斗牛场景。清代，地方志和文集中大量记载金华斗牛。著名文人鲁迅、曹聚仁、台湾女作家林黎等都写到过金华斗牛。翻译家、文学家傅东华称金华斗牛为“东方文明之斗牛”。

金华农村每年庙会、庙宇开光，需要斗牛以娱神，多在春秋两季进行。除风雪相阻外，几乎一月一大斗，半月一小斗。尤以金华东乡为最甚，旧金华府属各县均有此俗。金华斗牛一般选用2~6岁的颈短、峰高、后身短小、生性凶悍的黄牯牛，平时训练斗法，讲究撞、挂、靠、顶、闪、旋、挪等，由专人护理饲养，有的甚至“卧以青纱帐，食以白米饭，酿以好酒饮之”。

斗牛场所选择宽广水田或旱地，四周以木桩围界。斗牛头扎彩牌、戴金花，身披红绸、插彩旗，锣鼓开道，鞭炮轰鸣。开斗前卸下盛装，号炮一响，由主人护送从对角两门分别入场，两牛相对而视。顿时，两牛眼红耳竖，野性大发，四角相架，奋力争斗。斗得难解难分时，“拆手”(裁判)上场分开两牛，稍事休息，又令相斗。得胜者主人大宴宾朋，失败者沦为耕牛或出卖宰杀。史载塘雅有名“壁山”的斗牛，屡斗屡胜，名震金华及所属各县，价值千金。买卖斗牛，仪式隆重，酷似嫁娶新娘，买卖双方互称“牛亲家”。

20世纪80年代，上海科教电影制片厂把金华斗牛搬上银幕。金华斗牛已列入浙江省民间艺术保护重点项目，入选省第二批非物质文化遗产名录。

婺州窑

婺州窑是古代著名青瓷窑，金华是中国六大青瓷产地之一，在中国陶瓷史上享有盛誉。金华陶器制作历史悠久，1万年前的浦江上山遗址中有陶器敞口大盆出土。境内发现新石器时代晚期到夏商之际的40多处制陶土窑。东阳、义乌、磐安商周时期墓中出土各种各样的原始瓷器，其中磐安冷水出土黑陶，是中国瓷器萌芽期的实物例证，证明金华是中国最早烧制原始瓷的地区之一。战国至秦汉时期，兰溪、东阳有众多龙窑，出土了原始瓷和印纹硬陶。东汉三国时期婺州青瓷烧制技术渐趋成熟。唐宋时，烧瓷窑场扩大，成为闻名全国的瓷器生产地区，因在唐时属婺州，故名婺州窑。唐代陆羽在《茶经》中说，“碗，越州上，鼎州次，婺州次，岳州次，寿州次，洪州次。”把婺州窑喻为全国第三。婺州窑瓷业生产从商代直到元明时期，前后2700余年历史，成为我国持续时间最长的窑口之一，这在我国陶瓷史上是罕见的。五代时期，婺州窑多至400余处，其胎釉、刻花工艺均臻上乘。南宋时期，北方氏族大家纷纷南下，北方的烧窑技术和

婺窑作品

文化进入婺州。婺州窑瓷器釉面常凝聚成芝麻点状，釉面开冰裂纹，在胎釉结合不紧密和釉面开裂处，往往有奶白色的结晶体析出，这是婺州窑瓷特有的一种现象。宋元时期，婺州窑成为贡品。金华钧窑系瓷器和北方钧窑系瓷器相比较，因金华瓷土含铁量高，胎色呈深灰色。其釉为窑变釉，呈色元素为铁，故金华钧窑系的产品釉色为天蓝、月白。金华琅琊铁店窑是婺州窑宋代窑址，2001年成为全国重点文物保护单位。铁店窑烧制的产品除供应国内民用的以外，还是大宗的外贸商品，外销日本、朝鲜和东南亚诸国。在韩国新安海底出水的元代沉船中的钧窑系瓷器，多由金华铁店窑生产。

饮食文化

春秋时期，越国的食狗习俗，在婺州延传不衰。西汉时，金华出现牧鹅业，鹅肉进入餐桌，也成为定制的祭供牺牲禽品。三国时，金华酿造的甜酒“醴”已风行。酝酿酒母的一年生草本植物蓼草，也能人工水生种植。金华酒的发展，为后来“酒蒸鸡”“酒焖肉”“白字肉”“金华浓香鸡”“黄金鸡”“酒娘鸭”等以酒或酒糟烹制的风味特色菜的普及提供条件。此时，豆豉已盛行。

东晋初，道教在金华一带迅速发展。道家的信仰和食俗影响广泛。其主张节食、淡味、素食、反对暴食、厚味的观点对金华饮食文化影响深远。由此烹制出一批道教素食名菜。南宋时，金华养猪业得到进一步发展。为置备常年肉食，出现盐腌制或风干存放的方法。后来又逐渐形成肢解分档腌制，这就是后来名传南北的“家乡南肉”。逐渐形成单独腌制猪腿的做法。唐初，金华火腿开始问世。隋唐时期，金华酥饼也风行。唐代，金华菜兴盛一时，不少菜品流传至今。如切成大方块或三角形的“焗肉”、半圆球形的“肉丸”、正方形的“煎豆腐”及“炒枸杞脑”“氽苦荬”“芋头丝”“腌梢瓜”“豆腐羹”“山粉馃”“澄粉饺”等，取料多为地方特产为主。婺州各地以白萝卜制成的干、咸味的称为“萝卜鲞”。“金华白切肉”成为名菜，用以祭供神灵、待客。其间，金华有了叅作业，糕团点心进入城市人生活，并用于礼仪和馈赠。传统品种有“馒头酥”“藕粉馃”“重阳糕”“大酵馒头”等。除地产蔬菜外，原种中原的一些“胡”菜、“洋”菜，在本地上市供应。金华酒成为名酿。

宋代，人们日常吃喝逐渐讲究，蔬菜品种日益丰富。随着水陆交通的畅通，干鲜海产品也运抵金华和兰溪、永康等县城。婺州各地池塘开始人工养鱼。宋室南迁临安(今杭州)后，北方人带来“南料北烹”的烹饪技术，对金华菜品的出新产生较大影响。特别是油炸技艺，拓宽金华菜的风味。在筵宴的设计上，也效法都城。冷碟摆设，菜肴搭配，上席序次等日趋时新。十六回千、形象拼盘、食品雕刻等亦已出现，宴会格局日益讲究。兰江上，船宴兴起。民间厨娘入户操厨办宴，方便民家婚丧喜事，此风一直延传到抗日战争前夕。民间解决纠纷的“和气酒(宴)”开始流行，宴必有鹅菜数款，以示和气友谊，重开和睦。金华鹅品种菜的创新增多。南宋，金华饮食食源广泛，刀工变化增多，烹调水平提高，菜肴品种倍增，饮食业经过南北交流融合，进一步发展和提高。宋代江南名厨浦江胡氏以婺州、衢州民间食风，撰写成《胡氏中馈录》，全书分脯鲊、制疏、甜食三部分，共收录菜点和制作方法80余种，不少成为名菜、名点。书中所记“金华酒豆豉方”和“金华水豆豉方”，宋以来很多全国性食谱都有转载。元代，金华腌制的“家乡南肉”深受杭嘉湖百姓的青睐，出运量可观。官府将金华的“东阳酒曲方”和“东阳醞法”作为“标准法”加以推广。明代，烹饪技艺交流活跃。明中叶起，徽州饭庄来金华、兰溪开业。一时间，当地人开设的酒楼饭庄也掀起聘徽厨的风系，使金华菜兼收并蓄，菜品日新。此间，永康、武义、兰溪盛养灰鹅，金华各地鹅肴普及。烹制方法有烧、卤、腌、糟、醉、炖、焖、白斩等，更有别致的“封烧法”行市，成为饮食新风尚。金华的水牵面、刀切面，东阳的索面、索粉，浦江的索粉、冷淘，等十分知名，加工作坊遍及城乡。明崇祯九年(1636)，徐霞客到金华游北山三洞，曾在金华西门(兰溪门)进早餐。事后他在游记中写道：“里甚佳，因一人兼两人馔”由衷赞赏金华面食。明清时代，城乡居民亦喜素食素馔。市售豆制品有素肠、素鸡、素牛肉等。迎神庙会之日，素食摊店林立。各地开设茶肆，特别是沿江河各口岸集镇，如义乌佛堂、兰溪游埠各有茶肆三、五十家。兰溪县城茶楼林立，多时逾四百多家。“茭白船”茶楼、酒馆也有上百艘，游弋在衢、金、兰三江口。明天启年间开设的李春林黍作店里，以制作点心为著，子孙相传350多年。明末清初戏曲家、美食家李渔撰写的《闲情偶寄》，其中第五卷“饮馔部”，在选料、配料、烹饪、储存等方面，探索出不少诀窍。清代，金华火腿菜肴有较大发展，品种日增，火腿也作为糕点馅料。市区菜馆业以徽州人开设较多。徽菜以“三重”(即重油、重色、重料)为特征，讲究火攻，擅长烧炖。

近代，金华菜的风味品种与日俱增，传统菜和外来烹饪技艺兼收并蓄；选料讲究鲜活时新和道地特产；烹饪方法擅长炒、烧、烩、炖、烹、蒸、炸、煮等。原料剞刀技术和造型艺术逐渐兴起；口味崇尚鲜咸入味，嫩酥香脆，菜品由求量而转向求菜肴组合和味鲜精美；品质上注意原汁原味，补益身体。清末至民国时期，著名的金华风味菜肴除“火腿燕窝”“火腿鱼翅”“火腿煨黄芽”“排南”等火腿风味菜外，还有“金华香肚”

蜜汁火方

“金华肉圆”“羊羔”“千祥羊肉”“走油扣肉”“桂花大肠”等。民国时期,杭江铁路通车后,金华城区饮食行业转盛。抗日战争全面爆发后,沪杭等地先后沦陷,客商迁徙金华经商,饮食业剧增。抗日战争时期,浙江省政府南迁金华,杭宁绍百姓大批逃难来金。浙北饮食名店相继迁来。如杭州的高长兴、楼外楼、天香楼、天外天、朱恒升菜馆等都在金华城开业。金华、兰溪两城成为战时杭绍菜点中心。杭菜传入金华,以清香、鲜嫩、轻油、重色泽为著,擅长爆、炒、烩、溜等技艺。1939—1941年,金华城区饮食店增至400多家。其中,菜饭馆40多家,杭帮占优势。小笼包子、方糕、条头糕等也于时传入。饮食摊担遍布街头巷尾。流动担昼夜串街走巷。金华沦陷后,市区只剩20多家小饭店。抗战胜利后,饮食业复苏,市区有饮食店80家。

中华人民共和国建立初期,崇尚节俭,饮食业清闲,金华城区7家较大的餐馆5家停业,黍作店全部改为面食小吃。

20世纪50年代后,特别是改革开放以来,金华菜与外地交流频繁,发展迅速。市饮食服务公司多次组织名厨发掘整理金华地方传统风味菜点,其中有13种被选为《中国名菜谱·浙江风味》卷;16种小吃点心入选《中国小吃·浙江风味》一书。外地风味如粤、苏、川、湘、沪等馆子来金华展销传艺。与此同时,金华厨师赴荷兰、德国、日本、美国、加拿大等多个国家和中国港澳等地区主厨传经。

传媒业

清光绪三十年(1904)金华革命党人张恭、刘琨等创办《萃新报》。此后,《金华新闻》《金区民国日报》等报刊相继开办。抗日战争时期,浙江省政府一度迁址永康方岩,省内大部分报刊社随之迁至金华,编辑出版《东南日报》《浙江日报》《东南战线》《浙江潮》等多种报刊;还有浙江国民通讯社、远东通讯社等影响较大的4家通讯社移驻金华,使金华成为浙江的抗战文化中心。1939年春,中共领导人周恩来以国民政府军事委员会政治部副部长身份到金华视察,对如何在党的抗日民族统一战线方针指导下发展新闻事业作出指示。解放战争时期,除《金华民报》《浙中日报》等城市报刊外,中共浙赣路西、路南工委分别在金华创办《金萧报》和《路新南报》。

1949年12月,《金华大众》报诞生,为中华人民共和国成立后第一份中共金华地委机关报。"文化大革命"时期,《金华大众》报停刊。1956—1958年,所属各县先后创办县报。1960年9月,各县报先后停刊。1972—1982年,《金华大众》报更名,复刊、停刊多次。1982年7月1日,《金华报》正式复刊。1983年7月1日,改名《金华日报》。1993年10月,《婺州生活报》创刊,为金华日报第一份子报。1984年,金华辖区8县(市)报先后复刊。其时,《金华电力报》等一批企业报先后创办。1994年,金华日报社对经营部实行分离式改革,组建金华市新闻发展总公司。2003年底,部分县(市)地方报根据上级有关指示精神先后停刊或

金华日报社大楼

归并。至2005年，金华日报已拥有《金华日报》《金华晚报》《浙中新报》《浙中科技报》和浙江新闻网等四报一网，实现年销售收入1.499亿元。

2005年，全市有企业类报纸32份。其中以《金华电力报》《横店集团报》等10多家发行量较大。2012年，成立金华日报报业传媒集团，旗下媒体有《金华日报》《金华晚报》《浙中新报》《兰江导报》和金华新闻网，旗下单位有金华市新闻发展总公司、报社印务中心和其他经营公司。2015年，金报集团实现主营收入2.3亿元，多元经营收入1.1亿元，实现利润4200多万元。

20世纪50年代初，金华兴办广播站。1950年9月，金华各县宣传、文化部门和少数企事业单位先后建立收音站。1952年9月，金华市(县级)广播站建立。翌年，义乌、武义、永康、兰溪等县相继建立广播站。1965年5月，金华县广播转播台成立。1984年，该转播台扩建。1989年7月，金华人民广播电台成立。1993年10月，金华经济广播电台开通。1976年6月，金华经济广播电台并入金华人民广播电台，实行一套班子两套节目。2000年，金华人民广播电台迁入新建广电大楼。2004年9月，交通音乐广播频率开通。至2005年，金华人广播电台新闻综合、经济、交通音乐三套频率节目；全天播出合计近46个小时，其中自办节目42小时；覆盖面积7280平方千米，覆盖人口400万，节目影响和广告收入不断提升。

金华电视媒体起步较早。1970年9月，金华电视调频转播台开始筹建，为浙江省最早建立的一座高山骨干调频电视转播台。1979年，差转浙江电视台转播中央电视台节目。1983年10月，筹建金华电视台。随后，东阳、兰溪、武义、义乌、浦江、永康等相继建立电视台。1985年，金华电视台与金华电视调频转播台合并，并开始建立公用天线。1986年，开始建设有线电视，1987年5月，建成卫星电视地面接收站，1988年底，全市共有8座卫星电视地面接收站，直接转播中央电视台第一套节目，人口覆盖率72.9%。1989年，建成高150米的自立式电视塔一座，用于转播金华电视台自办节目。6月，国家广播电视电影部批准金华电视台省辖市级电视台，覆盖婺城区、金华县和义乌、兰溪、龙游等相邻县市的部分地区，覆盖人口70多万。1993年，《金华广播电视报》创刊。同时，金华电视台广告经营实行招标。其时，加大设备投入力度，对摄像机和编辑机进行更新换代，在全省11个地市中走在前列。1996年，金华市广播电视系统实施体制改革，金华电视台(总台)分设综合台、有线台、教育台(38频道)。1998年,三台分别改称新闻综合频道、经济生活频道和教育科技频道。2000年,金华电视台建台15周年,金华广电中心落成,5月1日,三台迁入新大楼,同时三个频道节目进行大规模改版,2005年4月,重组金华市广播电视新闻出版局、保留金华广播电视台总台。年底,重新进行总台体制调整并开始运行,至此,金华成为浙中南有线和无线广播电视的传输和发射中心。金华(北山)电视调频转播台分别发射浙江电视台、金华电视台和浙江人民广播电台、金华人民广播电台节目;金华广播电视中心,分别发射中央电视台1套、中央教育电视台、金华电视台节目;有线电视系统通过光缆上省广播电视中心、下联各县(市)广播电视中心和乡镇广播电视站,播出中央、省、市等23套节目。中波发射台转播中央人民广播电台、浙江人民广播电台和金华人民广播电台节目。金华电视台自身拥有三套电视节目,以有线、无线发射覆盖金华全市及周边地区;每日合计播出48小时,其中自制节目约200分钟;电视节目在当地收视市场占有份额约40%。金华电视台采、编、播水平和理论研究在全省城市台中名列前茅。2005年12月28日,金华市数字电视正式开通。同年,金华广电局台分离,原金华人民广播电台、金华电视台等机构合并组建金华广播电视总台。2009年,金华广电总台投资1200多万元购置浙江省市级电视台的第一辆八讯道高清数字电视转播车。2010年,金华广电在华东六省一市中率先完成了移动多媒体广播电视信号覆盖工作。同时完成了有线电视"村村通",有线广播"村村响",实现有线广播电视百分之百覆盖全市城乡居民。2012年,全市全面完成乡镇数字电视整体转换。2015年,金华日报刊发《马德里迎来首趟"义新欧"货运班列》,获得2014年度中国新闻奖二等奖。金华日报五次获得中国新闻奖,其中一等奖1次,二等奖2次,三等奖2次,获奖次数和频率在全国地市报中居前列。在2014年度浙江新闻奖评选中,金报集团有24件作品获奖,其中6篇作品获得浙江新闻奖一等奖,名列全省地市报业集团(报社)首位。在第十届中国传媒大会上,金华日报、金华晚报、浙中新报分别被评为"2014中国十大地市党报""2014中国十大地市晚报""2014中国十大传播力都市报",金报集团党委书记、社长、总编辑陈东被评为"2014中国传媒融合创新年度贡献人物"。《金报集团开拓文化产业市场》项目荣获第四届浙江报业创新项目评选一等奖。在11月份召开的第八届中国品牌媒体高峰论坛上,金华日报被评为2014—2015中国品牌媒体百强——地市党报品牌10强。5月21日，第五届中国互联网品牌大奖揭晓。金华新闻APP获评中国最具人气的本地新闻手机客户端，金华新闻网获得中国地方网站十佳创新品牌奖。2015年，金华日报社聚合集团优势资源，“金华新闻”客户端、“金华发布”和各报微信、微博交相呼应，覆盖人群130多万，有效抢占网络舆论阵地。

广播电视传媒方面，2015年金华电视台采编的新闻在浙江卫视播出200多条，在中央电视台播出近50条，被浙江之声采用稿件132篇，被中央人民广播电台采用18篇。涌现出一大批含金量较高的新闻，如央视《新闻联播》综合头条以金华市“五水共治”为例做了生态中国建设的报道；《金华前两月外贸进出口增幅喜人》及《金华：“一号产业”撬动外贸触网 前三季度跨境电商营收超200亿》两篇报道上了浙江卫视头条；9月，央视财经频道以8分钟的罕见大篇幅，详细介绍了金华居家养老创新模式和工作亮点。“双十一”“综合保税区”等报道也都在央视和卫视播出。29条“四个全面”“一带一路”“信义金华”等重点工作的主题新闻在卫视《新闻联播》播出。《牢记总书记嘱托全力打造浙中城市集群》等的专访以及《浦江郑义门孝义传家长盛不衰》和好干部沈捷、浦江诚信大妈等一批金华人物典型先后登录央视和卫视新闻联播。《全球跨境电商大会永久落户浙江金华》《义乌出租车行业的破冰之改》等报道在中国之声主要新闻栏目中播出。电视专题方面，与央视密切联系配合摄制金华斗牛、金华火腿、金华佛手等5个专题片在央视中文国际频道《走遍中国》和《远方的家》中播出，宣传了金华的历史文化。完成浦江郑义门《廉俭孝义第一家》专题片，中央纪委网站的首页予以刊载。

科技发展

金华境内，新石器时代已有制陶技术。西周时，有原始青瓷制品。东汉，冶制铜质弩机。唐贞观二十二年(648)，遵诏令造海船及双舫；昭宗年间(889—904)，武义乡官徐镃创建潜涵水利工程。宋代，开始种植棉花。元代，朱震亨创中医滋阴医论。清顺治年间(1644—1661)，糖蔗种植、制糖技术传入义乌。近代，引进农作物良种，开始农业试验。

20 世纪 50、60 年代中期，金华境内育成并推广“介吉小麦”，出现兰溪万坛区和义乌红焰村、东阳张山坞等一批农业科技实验点和厂矿技术革新小组，建立专区和所属各县科技管理、研究和推广机构。随之大面积推广新三熟农作物，引进水稻矮秆良种，应用钙镁磷肥、“以磷增氮”新技术改造低产田。

1966—1971 年，科技秩序收到干扰。机构撤散，科技人员下放农村基层，科学实验活动积极分子受批判。1972 年 4 月，金华地区科技办公室设立，在困难的条件下组建农村科学实验，提倡科学种田，开展低丘红壤研究活动，引种杂交稻试验成功。

1978 年，全国科技大会后，金华科技事业出现重大转折，4 月，中共金华地委召开万人大会和全地区科技工作会议，传达全国科技大会精神，提出科技发展任务，制定 8 年规划纲要。1982 年起，组织多学科多部门的科研人员，开展农村综合技术开发，同时进行地方传统名产系列开发和多方面的试验研究。1985 年，贯彻中共中央《关于科技体制改革的决定》，进行研究所减少事业费改革试点，实施“星火计划”，开放技术市场，发展国际科技合作，民间科研队伍初步形成。

1995 年，金华市委、市政府深入贯彻中共中央、国务院《关于加速科学技术进步的决定》，认真实施“科教兴市”战略，在市、县(市)、区、乡镇分级建立科技领导机构，开展创建全国科教兴市先进城市和全国科技工作先进县(市)、区活动。各级领导对科技工作的重视程度不断提高，科技进步与经济发展联系日益紧密。1996 年起，根据省委、省政府部署，全市每年开展党政政领导科技进步目标责任考核工作。1999 年开始，连续

高新企业电子产品生产线

举办金华·中科院工业科技洽谈会(简称工科会,后改称中国·金华工业科技合作洽谈会)、金华·华东农业科技成果展示交易,以此推进国内、国际科技合作与交流。2000年,开始国有科研所体制改革,市计算机应用技术研究所和市工业科技研究所进行改制。2000年起,市委、市政府实施技术创新工程,建立中国科学院金华科技园及婺南农业高科技园区,建立一批高新技术研发中心、服务中心和生产力促进中心,技术创新在金华改革发展中的先导和支撑作用更加突出。技术市场深入发展,2002年,全市首次实行部分科技项目招投标。网上技术市场开始运行。2003年,市委、市政府向欠发达乡镇选派市科技特派员,助推农村科技进步。2004年2月17日,科技部通报表彰2001—2002年度全国科技进步考核和荣获全国科技进步先进的单位。金华市9个县(市、区)一次性全部通过考核,考核通过率连续两届满堂红,名列全国第一。义乌、永康和东阳被授予"全国科技进步先进市"。2005年,高新技术产业实现增产值29.55亿元,占工业增加值的9.65%。专利与知识产权保护工作受到重视,金华市建立知识产权局,成为全国专业工作试点城市。是年,市本级财政共安排科技经费5318万元,占本级财政支出的4.77%。全市科技综合实力由2000年的全省第十位上升到第七位,科技进步水平由2000年的全省第十一位上升到第七位。通过国家考核,成立全国科技进步先进市,被省委、省政府授予"市县党政领导科技进步目标责任考核优秀市”称号。

2015年，金华规模以上工业新产品产值达到1610亿元，高新技术产业产值达到1424亿元，技术市场吸纳交易额达到66261万元；市级以上高新技术企业达到830家，其中国家级高新技术企业数达到374家；省科技型中小企业数达到1018家；市级以上企业研发中心达到652家；县级以上创新型企业达到526家。全市共新列市级以上科技项目505项，其中国家重点新产品计划项目3项，国家火炬计划项目16项，新省级新产品试制计划项目189项，省级公益性项目4项。全市共争取到国家、省级财政资金11971万元。获2015年省科学技术奖27项，评选市科学技术奖60项。推广应用“科技创新券”，全市共发放创新券1758.48万元、居全省第五位，实际使用1036.35万元、居全省第三位，发放使用率58.9%、位居全省第一位。积极组织金华市企业参加第四届中国创新创业大赛，2015年全市有14家企业进入复赛，4家入围全国总决赛，其中“闪铸科技”3D打印项目获中国创新创业大赛总决赛先进制造行业第2名。积极培育科技型企业家，如浙江寿仙谷药业有限公司李明焱董事长李明焱、金华月旭科技股份有限公司董事长赵岳星成为科技部“创新人才推进计划”科技创新创业人才，浙江鹏孚隆科技有限公司总经理王锡铭当选第六届“科技新浙商”、李明焱当选“科技小巨人”。2015年，全市共申请专利19102件，其中发明专利2545件；授权专利16353件，其中发明专利1015件、首次突破千件大关，增幅列全省第四位。新认定省级专利示范企业10家、市级55家。金华经济技术开发区获“国家知识产权试点园区”，成为省内第二个国家级试点园区。全市已有4个市、1个县、2个区、1个国家级经济开发区和1个产业园区开展国家、省级知识产权示范创建工作。

金华概览

和谐生活

古代村落发展概况

新石器时代，境内先民开始聚居，村落已具雏形。春秋时期，于越族在境内建舍生聚。秦始皇统一中国，中原地区移民不断迁入境内定居，境内人口逐渐增加。按一姓一族繁衍成村。沿东阳江，经义乌江至金华江沿岸聚集，继而向丘陵、缓坡地带不断拓展。按照依溪依陆、便耕便行的原则建立村镇。汉代，在东阳江、画溪汇合处今义乌佛堂江滩，建有集市。三国开通长山至永康的吴宁驿道。两晋时期，北方战乱，难民陆续迁徙，后裔繁衍而成村落。义乌赤岸镇、永康芝英镇形成农村集镇。唐代，兰溪上游的游埠镇成为水陆码头，商贾工匠云集。从义乌到东阳，浦江至郑家坞，金华至浦江、兰溪的山岭古道相继开辟，县县官道相通，形成以婺州为中心连接各县的道路网。唐至五代，北方入境者日益增多，逐渐形成大姓望族。宋、元时期，永康方岩，金华孝顺，东阳黄田畈、千祥，商贸往来频繁，形成集镇。南宋时期，入婺州境者骤增，境内村落越建越多。明清时，金华汤溪、兰溪永昌、东阳横店、永康方岩、磐安新渥陆续开埠，形成市镇。定居的移民繁衍生息，人口增加，村落日益扩大。赣、皖、闽、湘及邻近的台州、处州地区移民来婺，租山垦地，沿山建铺，境内村落增多。

磐安县榉溪孔氏家庙举行孝道讲座

金华城区发展

秦朝，在金华境域内置乌伤县和太末县。三国时，东吴分会稽郡西部置东阳郡，南朝大批北方人南迁入境，东阳郡改名金华郡，郡治、县治同在古城内。唐昭宗时，钱鏐授命筑州城。居民陆续进城定居，出现固定的米行、客栈和商店等，城市逐渐繁兴。五代十国时期，金华属吴越国，城区社会相对安定，战乱地区灾民相继迁居古城，于通远门外建金华驿，后改名双溪驿。后梁时筑婺州城墙，周长九里一百步，高一丈五尺，厚二丈八尺。城内筑有古子城，周长约4里，面积0.2平方千米。城门有保宁门(今鼓楼里出八咏路口)、熙春门(今小井巷通东市街口)、桐树门(今八咏楼西侧)和金华门(今鼓楼里出将军路口)四座。

北宋宣和年间重建城墙，周围十里，基宽三丈，面宽一丈，高二丈，城门11座。南宋时，城内多达30余所书院，文化氛围浓厚。同时，金华成为浙江中西部货物集散地，商业繁荣。元顺帝时下令毁城，城墙尽毁。后于旧址重建城墙，长一万七千七百九十二尺，厚二寻四尺，高二寻二尺，共有8门，每门都有城楼。城南临江，护城河边有民房36间，为守城戍卒营房。旌孝门、通远门外护城河上各有一座吊桥，迎恩门外有二座吊桥，以通行人。

明朝，古城内设立惠民药局，名医制剂疗疾。金华城以中医中药名噪一方。清顺治年间，古城重修，有“两浙古城惟婺为首”之称。道光年间，古子城仅存保宁门和桐树门遗址。后重新修缮。光绪年间全城长一千七百零五丈八尺，高二丈三尺许，城门11座。每门建有营房3间，2名士卒专管城门开关。旌孝门、迎恩门、通远门各有月城。其时，金华城内地名多以市、街、坊、里、巷命名，如南市、西市、北关市、酒坊巷、景苏街、文昌巷等。古城区有外圆内方大小城墙两座，城内街巷形成不规则的龟纹状路网结构。明、清时期，金华城厢设有坊隅，城郊设关界，已经实行城区管理。

鸦片战争至辛亥革命前夕，金华老城区的工、商、医、学、交通和邮电等设施有所发展。民国时期，金华老城区米、布、油、盐、木、中药材、火腿、煤油、京广货、南货10个主要行业有商号126家，年交

BRT 快速公交

易额 437 万(银)元。始建金华(私营)商业电灯公司，初装机 20 千瓦，后扩建为 146 千瓦。城内有浙江省立第七中学、金华县立初级中学、私立成美女子初级中学等中学教育机构。金华惠民棉纺厂、美轮袜厂及业余、美和、民生等针织厂(社)相继建成投产。《金华新闻》创刊发行。杭州至金华铁路通车，在城区建有火车站。随后，铁路绵延至兰溪、江西玉山等地。建成金华—武义—永康公路上浮桥汽车站，建成连接火车站和汽车站的中山路。境内建成公路 16 条(段)324 千米，初步形成以老城区为中心，县县相连的交通网络。1942 年 5 月 28 日，日军攻占金华，城区沦陷。日军修建金华至武义石龙矿区轻便铁道，在城郊修筑飞机场。1945 年 9 月 2 日，金华光复。1947 年年，浙江省第四专员公署驻天宁寺，浙西师管区驻东岳宫。金华城区有国立英士大学、省立金华中学等 5 所公私立中学、4 所中心小学和 1 所私立婺江商业学校，为城区教育事业发展奠定了基础。中华人民共和国成立前夕，城区面积达 2.57 平方千米，建成区面积为 1.86 平方千米。

1949 年 10 月 20 日，国务院确定金华市(县级)建置，是全国最早的设立市(县级)建置的 134 个城市之一，市区人口 4.21 万人。

1978 年改革开放后，金华地区城市建设迅速发展，进一步确立浙江省中西部的政治、文化、教育、金融、信息中心地位。1985年5月15日，国务院批准金华撤地建市，金华升级为省辖地级市，实行市管县体制。辖区人口405.6万人，面积1.09万平方千米。其中金华市区城市人口10.93万人，建筑面积10平方千米。6月，兰溪撤县建市。1988年，义乌、东阳撤县建市。1992年，永康撤县建市，金华市(县级)和金华、武义、浦江、磐安4县及婺城区，浙中城市群的雏形开始显现。同年6月，开始创建金华市经济开发区，金华城市开始向婺江南岸拓展。2000年，市委、市政府根据提升中心城市和城市群整体实力规划，报经批准调整行政区划，撤销金华县设立金东区、并以"一中、两翼、两三角"为载体，统筹城乡发展，形成金东新城区、婺城新城区和金三角、金西开发区为犄角的中心块状和两翼组团壮发展的新格局。2001年1月，国家旅游局批准金华为"中国优秀旅游城市"。2007年，国务院批复批准金华成为国家历史文化名城。2009年，金华成为国家卫生城市。市区主干道及道路路网基本形成，市区发展重点由城市扩张转向丰富城市内涵。2011年，金华市提出打造精品城市的城市建设目标。2012年，金华市委、市政府依据国务院批准后实施的《浙江省城镇体系规划》和《浙江省城市化发展纲要》，修编《金华市城市总体规划》。明确提出至2020年，将金华城区建设成为100万人，100万平方千米(建成区面积)，继杭、宁、温之后，位居第四的浙江省中西部中心城市的目标。启动金义都市新区建设，打造浙中城市群发展新核心。

2013年，金华市正式启动《金华市区公共交通专项规划（2013-2020)》编制，明确近远期优先发展公共交通的政策措施及网络设施布局方案，并将快速公交系统（BRT）建设项目列入民生领域重点建设项目。规划市区BRT线路为"一纵一横两延伸"。其中"一纵"为BRT1号线（浙师大—市体育中心）2014年11月开始施工建设，2015年2月正式运行。路线呈南北走向，全长15.5，实际投资1.28亿元，是全国首条快充式纯电动公交车BRT线路。11月，金华首辆无线充电新能源公交车上路运行。规划中的"一横"线路BRT2号线（婺城新城区—金东新城区），呈东西走向，全线长23.8，于2015年底开通运行。2013年11月，金华市公共自行车项目开始运行，市民可以凭公交卡免费租用1小时公共自行车。2015年，全市公共自行车网点已达到500余个。

2014年初，金华被住房和城乡建设部命名为国家园林城市。8月，金华市启动市区二七区块旧城改造项目，对市中心布局散乱、基础配套老旧、治安消防隐患极大的棚户区二七区块进行整体拆迁改造。项目占地 1693.5 亩，涉及居民 7120 户，总投资 125 亿元，其中房屋征收成本 81.5 亿元，是浙江省棚户区改造规模最大的区块。到 2015 年 9 月，基本完成房屋征迁工作。未来将在二七区块建设居住为主，集商业、商务办公、休闲娱乐、教育等多功能于一体的新城区。金华通过旧城改造、新区开发、城市基础设施极大改善，人均绿化面积连续翻番，公用事业迅猛发展，高楼大厦遍布城区，铁路、高速公路四通八达，民航义乌开通国际航线。全市有 3 个中国优秀旅游城市、3 个国家卫生城市和 2 个省级历史文化名城、6 个省级卫生城市（含县城）。市区主要道路相继拓宽改造、330 国道南迁、通济桥拓宽、丹溪大桥建成通车、一环路贯通、迎宾大道优化提升等一系列道路改造工程实施大大扩展了金华城市道路交通通行能力；博物馆、体育中心、文化艺术中心、中国婺剧院等一批重大功能性公共设施相继建成，进一步提升了金华城市品位；总长 40 千米的三江六岸景观带不断优化提升，八咏公园、清风公园、广厦公园、燕尾洲公园、五百滩公园、金华文化长廊建设开发，婺州公园提档改造，为婺江两岸增添了秀丽的城市景观风光。

2015 年，在完善基础设施、加大市政园林绿化投入、强化市政园林管养长效管理机制等方面取得显著成绩。金罗路、迎宾大道优化改造、环城南路大黄山隧道相继完成，东市街北延工程基本建设完成，城市交通进一步畅达，城市品位不断提高。多湖区块路网建设不断完善，光南路、横塘沿周边道路建设完成，城市框架进一步拉开；五百滩景观公园基本完工。政府全年城建投资达 5.1 亿元。全市新增道路 108 千米，东市街北延工程完工，迎宾大道、金罗公路完成提档改造，为完善城市路网框架，提升城市品位创造了良好基础。新增绿地面积 276.17 公顷，其中湖海塘公园 129 公顷，生产绿地 121 公顷，单位附属绿地 26.17 公顷。全力推动浙中绿道网建设。建成绿道总里程约 540 千米，从不角度展现了浙中大地丰富的人文与自然风貌。成为广受欢迎的休闲度假活动方式，受到社会各界的广泛好评。

城市防洪工程

金华江河多属山区性河流，源短流急，季节性强，暴雨易成洪灾，长期不雨便干涸。自古以来在沿江沿溪险要地段垒石堆土筑堤，兴修各种防洪设施，以堵防水患。1942 年，日军入侵，江堤挖作战壕。抗日战争胜利后，国民政府制定“整治金华江水利实施方案”。1946—1947 年，完成第一期工程 15 处，第二期工程 30 处。

中华人民共和国成立后，金华专区新建一批防洪工程。金华城区建有沿江防洪堤 4 处，总长 9.6 千米。20 世纪 60 年代起，兴建蓄水工程，浦阳江、东阳江进行初步系统治理，武义江、金华江及部分支流也作治理。70 年代，兰溪建起三江围堤防洪、排涝工程。80 年代，结合江河特点和城市总体建设，制定城市防洪规划。90 年代后，以提高城市防洪能力为基点，做到与城市建设规划、城市环境和文物保护相结合，提升土地开发利用价值，美化绿化城市，形成“三江六岸”绿化带景观，成为市区一道亮丽的风景线。

金华市区城市防洪工程建设，上自东阳江金温铁路大桥、武义江新 330 国道大桥，下至金华江铁路大桥及五百滩堤防，总长度 43 千米，其中建成区及开发区堤防长 27 千米。工程按照防御 50 年一遇洪水标准设计，堤距宽度东阳江为 250 米、武义江为 200 米。总投资 4.9 亿元。

金华江两岸堤防工程 1994 年 12 月，动工建设金华江两岸堤防工程，北岸从东市街原水厂至金华江铁路大桥，防洪堤长 5.36 千米。南岸从城南大桥至金华江铁路大桥，防洪堤长 7.39 千米。至 2005 年，完成防洪堤建设 26 千米。

三江口治理工程 位于城区武义江出口段南岸，下游起自城南桥，上游至洪坞桥。工程由市政出让土地，金华市政府经济技术开发区管委会筹集资金 2700 余万元，完成征用安置用地 10 公顷，搬迁 11 个工厂和 42 户居民，拆除 2.1 万平方米建筑物，清除 28 万立方米河障。工程于 1994 年 12 月动工，1996 年 11 月提前一年完成 3.57 千米标准江堤工程，降低造价 313 万。工程具有城市防洪与城市建设相结合的特点，按照 50 年一遇防洪标准施工，马道以下迎水坡用块石护坡，马道以上引水坡用块石围砌的花坛护坡。背水坡建绿化带。标准堤上172个花坛草坪、与金龙湾公园、艾青公园、黄宾虹公园融为一体，成为市区一道风景线。

东阳江两岸堤防工程 1997年1月，实施东阳江东关大桥下游南岸至日本桥786米、北岸至东市街水厂1337米的标准提建设工程，1999年2月完工。1998年8月，实施了日本桥至飞机场地段工程，堤长2507米，河道拓宽120米，2000年完成。

武义江南岸堤防工程 1994年12月，武义江南岸"三江口"一期工程开工，城南桥至金钱寺段，坝长869.9米。1995年10月二期开工，金钱寺至洪坞桥段，坝长2709.6米。标准提工程按50年一遇设计，先按20年一遇标准实施，大方脚稳固，坝身加大。右岸2451米提防于1998年9月完工。至2004年6月，三江防洪工程总计完成28.4487千米。江北片堤防工程，金华江铁路桥至东关大桥，长为8.7千米；江南片堤防工程，武义江新330国道大桥至金华江铁路大桥，长为10.97千米；多胡片堤防工程，东阳江东关大桥至武义江新330国道，长为7.42千米；五百滩堤防工程，长为3.40千米。

龙渎河疏浚工程 龙渎河位于市区五百滩南岸，从金华江进口开始至河盘桥，全长(河道中心线)1950米，(北岸全长1885米，南岸全长2085米)。1997年11月，金华市人民政府投资246万动工疏浚龙渎河。工程主要项目是拓宽老河道，按泄洪标准河底宽度拓宽到110米。2003年，疏浚多处堵塞的后龙渎河，引进湖海塘电站的尾渠水，以保水质。

2015年，全市完成水利投资38亿元，完成病险水库除险加固25座，干堤加固和中小河流治理106.3千米，整治山塘131座，农村河道综合整治503千米，实施河道保洁长度1万千米以上，基本实现河道保洁全覆盖。农田水利标准化建设完成新增旱涝保收面积5.559万亩，扩大灌溉面积7.2371万亩，发展喷微灌面积1.142万亩，农田渠道改造609千米，全市解决和改善农村饮水人口14.5万人。安地水库除险加固工程完工，完成武义石峡水库、磐安花溪水库蓄水验收。兰溪芝堰水库除险加固工程开工建设，通济桥水库综合整治一期工程（生态清淤工程）全面启动，完成兰溪钱塘江堤防（农防工程）加固。

金华城区文化场馆

金华市图书馆 创建与1956年，1997年与金华职业技术学院合建后，更名为严济慈图书馆。2010年，严济慈图书馆与金华职业技术学院分离，恢复金华市图书馆。2011年4月重新对市民开放。馆内有藏书13万册，年订阅报纸杂志600余份。同时开放期刊数据库、“全国文化信息资源共享工程”资源和政府公开信息等数字化资源查阅。2014年底，金华市图书馆馆藏图书340734册，2015年订阅报刊800种。

严济慈纪念 1979年10月1号正式开馆，位于金华市永康街288号金华市图书馆内。拥有200平方米的展示厅，配备录像机、电视机、VCD以及烟雾监测、自动喷淋等现代化设施。共收集严济慈各个时期的图片资料1500张(其中展出135张照片)，2943件事物。展厅陈列内容分勤奋好学、科学之光、培育英才、乡情似海、小科学院、德高望重6个部分和1个严济慈在北京中科院办公室的复原。

金华市文化馆 成立于1979年，原为金华市群众艺术馆，是金华市群众文化龙头单位，专业从事音乐、舞蹈、美术、书法、摄影、文学、曲艺、民间艺术等各艺术门类创作、研究、辅导、培训及全市大、中型群众文化活动的组织与开展。

金华书画院 1992年成立。

黄宾虹艺术馆 1996年10月，开始兴建。1999年3月落成，是一座纪念出生于金华的当代国画大师黄宾虹的文化场所，坐落在黄宾虹公园内。该管是融徽、浙两派建筑艺术特色的传统民居式建筑，面积1200平方米，馆前照壁上刻有黄宾虹大师遗存墨迹“艺术展望”四个大字。内有展览、陈列大厅、贵宾室和教室2间。

金华市少年儿童图书馆（艾青纪念馆） 金华市少儿图书馆（艾青纪念馆）位于金华市婺江东路238号，创办于1998年10月，集公共图书馆和名人纪念馆功能于一身。2013年，艾青纪念馆进行二次装修。2015年2月，新馆落成并对公众开放。新馆共4层，建筑面积3700多平方米，藏书5万余册，报刊300余种。其中艾青纪念馆设有6个展厅，1个多功能报告厅及展览部、艾青资料征集室等部门，结合采用多媒体声光技术、3D幻影成像系统、虚拟讲解员等先进技术动态呈现艾青事迹。

金华市博物馆

施光南音乐厅 位于施光南音乐广场西侧，2004年8月竣工，以金华籍人民音乐家施光南命名。音乐厅主舞台面积190平方米，可容纳三管编制交响乐队演奏。音乐厅上层为观众厅，面积330平方米，设固定观众席位224个及部分活动座位。

中国婺剧院 中国婺剧院位于金华江、义乌江、武义江三江交汇处，总占地面积43320平方米，建筑面积31048平方米，总投资3.3亿元，是金华文化地标，由浙江婺剧艺术研究院（浙江婺剧团）负责管理。主要建筑为一个1495座的大剧场，按照大型乙等剧院设计。中国婺剧院2009年4月开始建设，2013年8月正式投入运行。

金华市非物质文化遗产馆 金华非遗馆位于马路里120号金华府城隍庙内，结合金华府城隍庙整体建筑布局，分为百工区、遗韵区、风情区、传说区、特色区、传承区、展演区七个展区，将非遗项目宣传展示与物质文化遗产相互结合，全景式展现千百年来金华黎民百姓的风俗习惯与智慧创造。

金华博物馆 金华市博物馆坐落于古子城历史文化保护区、婺江之畔。市博物馆项目总建筑面积13600平方米，其中展厅4700平方米，藏有文物与古籍共37000余件(套)。设有5个展厅，分别是从历史学角度解读金华的“八婺古韵”展厅、从地质学角度解读金华的“神奇大地”展厅、从古村落角度解读金华的“乡土民风”展厅、从工商文明角度解读金华的“百工之乡”展厅和从文学艺术角度解读金华的“诗书传家”展厅。是一座集教育、收藏、研究功能于一体，弘扬和传承优秀传统文化、展示历史遗存、传播文博知识的地市级综合性博物馆，于2015年9月28日正式对外开放。

千村示范、万村整治工程

2003年6月，浙江省委、省政府作出实施“千村示范、万村整治”工程战略决策。金华市委、市政府坚持以人为本，抓住“千村示范、万村整治”工程这一有效载体，加强领导、全面发动、狠抓落实，有力推进了新农村建设。全市累计有565个村开展了示范村建设，3904个村开展了村庄整治，受益人口达260多万，圆满完成了省委、省政府下达的村庄整治任务。2008年7月24—25日，浙江省“千村示范、万村整治”现场会在金华市举行，省委书记赵洪祝在会上高度评价了金华市在“千村示范、万村整治”工作中的做法和经验。

“千村示范、万村整治”工作从解决农民群众反映最强烈的农村环境“脏乱差”问题入手，按照“穿衣戴帽”、拆除“三房”、实现“五化”、协调发展的要求，全面推进村庄整治建设，全市拆除危旧房面积1014.56万平方米，新增绿化面积2320.19万平方米，消除露天粪坑9.36万个，新建公厕2465个，新增垃圾箱12.23万个。农村垃圾污水集中处理实现了由点(整治村)到面(全部行政村)的转变。至2007年底，全市完成村内道路硬化3518.75万平方米，新增通村公路6441.29功力，安装路灯7.48万盏。全市累计177.63万户农民改善了饮用水条件，发展村级连锁经营放心店2228家，全市88.6%的农民参加了新型合作医疗，35%以上的行政村建立了文化活动场所。各地把村庄整治建设与康庄工程、土地整理、农产品交易市场、畜禽养殖规模小区建设等工程紧密结合起来，有效改善农业生产条件和生态环境，促进高效生态农业新模式的发展。还带动农村特色产业的开发，农业结构调整速度和优良品种引进速度明显加快。如“农家乐”休闲旅游业快速发展，成为农民就业增收的新渠道。各地把村庄整治建设同文明村、文化村、卫生村、生态村、民主法制村创建和农村劳动力培训等紧密结合起来，促进了有文化、懂技术、会经营、思想道德素质好、法制观念强的新型农民的培养和农村新风尚的形成，推进了民主政治建设和和谐社会建设，促进了新农村建设的机制创新和措施保障。

新农村建设

2005年10月，中国共产党十六届五中全会提出按照“生产发展、生活宽裕、乡风文明、村容整洁、管理民主”的要求建设社会主义新农村。其后，金华市委、市政府积极贯彻落实中央，省委、省政府决定，加紧部署开展金华市新农村建设工作。

2009年，金华市委出台《关于加快推进农村改革发展的若干意见》，全市各级财政支农投入54.7亿元。全市认真贯彻“保供给、促增收、强基础、重民生”的工作方针，推动新农村建设。深入实施“百村示范千村整治”工程，累计完成整治建设行政村3832个，完成农村生活污水治理建设行政村2152个。农村生活污水整治被列入市区当年“十件实事”之一。加大支持农民创业就业、农村金融制度创新、农民公共事业发展。

2010年，全市累计完成村庄整治工程建设行政村4103个，生活污水治理建设行政村2782个，启动农房改造项目村276个。推进城乡客运统筹发展，继续对农民致富就业、金融服务、民主法治建设加大支持力度。积极引导农村居民参加社会保险和新型农村合作医疗，参保人数居全省第一。各级财政支农投入94.43亿元。

2011年，全市以美丽乡村建设为新农村建设重要目标，深化村庄环境整治，大力扶持发展“农家乐”产业，发展特色村58个，实现营业收入5230.53万元。全市支农投入116.55亿元。

2012年，金华市制定下发《美丽乡村建设行动计划(2012—2016)》，大力推进美丽乡村建设。全市三级财政共投入美丽乡村建设专项经费7亿元。开发古村落历史文化资源，评选“金华市十大优秀历史文化村落”。完成94个省重点中心村基础设施提升建设。金华市被认定为省电气化市。推进农村文化建设，全市93%行政村建成文化室和文体队伍。深化农村社区服务中心和养老体系建设，全市新建成362个村级社区服务中心，86个乡级养老服务中心，85个村级居家养老服务照料中心。

2013年，金华市成立农民学院，向农民提供技能培训服务。全市有一镇三村被评为“浙江省最美乡村(镇)”。农村

农村水务员清理河道垃圾

低保金从267元提高到347元。建成9所乡镇中心幼儿园。新建成省级示范农村社区服务中心66个、农村社区居家养老服务照料中心537个，金东区探索创新“统分结合”模式建设农村居家养老服务中心的做法受到省委、省政府的肯定以及央视《新闻联播》等国内主流媒体的广泛关注。市农家乐工作首次获得省考核一等奖，全市农家乐接待游客达1205万人次，营业收入7亿元。山区群众异地搬迁工作列入市十大民生实事，全年完成搬迁6586人。

2015年新增农村生活污水治理村1491个、受益农户28万户，累计完成治理村占总数的83.3%；全市145个乡镇、3298个行政村实施垃圾分类减量处理，覆盖率分别达到95%和68%，全省推广金华的“两次四分”办法；启动农村“治乱美化”专项行动。“12510”精品创建和“四级联创”协调推进，新启动美丽乡村风景12条，基本建成6条，新创建精品村43个、秀美村88个，新增省级生态乡镇18个、美丽宜居示范村12个，东阳花园获评中国美丽乡村建设示范村。浦江嵩溪荣获第六届“中国景观村落”称号。金华市获评2015年度浙江省社会主义新农村建设优秀单位，武义县获评全国农村生活污水全面治理示范县，东阳市获评全省美丽乡村创建先进县。

下山脱贫工程

1993年，武义县委、县政府调研后发现，在武义南部山区13个贫困乡镇700多个自然村的12.4万贫困人员中，有8万多人居住在高山、深山，其中4万人生存环境特别恶劣，日常生活极其艰辛。地处海拔917米大法尖的紫溪村，1992年全村46户、176口人，山地面积120多公顷，村民年人均收入不到300元。7月，武义县在王宅镇紫溪村，西联乡杨梅岗村，柳城畲族镇上天仓、下天仓村等19个自然村开展搬迁下山、异地脱贫试点。将身处高山、深山的贫困村整体搬迁到山下，为农户新建住房，另行安排生产用地。武义县制定相应的政策和规划，坚持政府引导、群众志愿原则，在迁出地和接纳地双方协商的基础上，进行有计划、有步骤搬迁。实行自然村迁移的农户，由接纳地村委会落实建房宅基地和生产、生活用地。迁移户自迁建用地批准之日起，两年之内拆除原有房屋、复垦还耕或还林。县级有关部门，审批项目实行优惠收费。

1994年5月，试点工作基本完成，紫溪村成为第一个下山脱贫村。同月，武义县政府下发《武义县高山深山农民居住迁移试行办法》，这是浙江省第一个下山脱贫文件。9月15号，《人民日报》海外版刊登《抛弃旧思想、力求自我发展——武义县开发式扶贫取得成效》，报道武义县下山脱贫工程。1996年11月，武义县政府发布《武义县高山深山农民下山脱贫办法(修正案)》。12月24日，省委、省政府宣传武义县为全省8个贫困县中首批提前脱贫的4个县之一。至年底，全县有115个自然村、5889户、1.75万人，搬迁下山。随着下山脱贫工程的深入开展，1999年又相继出台了《武义县下山脱贫若干问题的处理意见》和《武义县下山特别有关问题补充处理意见》等文件。为减轻农民搬迁下山的经济负担、由政府向接纳村支付土地转让费，为农户联系就近或外出务工，优先为下山农民培训实用技术。鼓励下山村民将老村空宅基地、耕地退耕还林，发展经济林，高山蔬菜等，加大下山脱贫的资金扶持力度，耕地退耕每公顷补助17万元。

2000年，磐安县、婺城区开展实施下山脱贫工程，婺城区将沙畈乡水竹蓬

潘仁法和孙子一家下山脱贫，苦尽甘来生活幸福

行政村所属的水竹蓬、大坑、洋朝兰等3个自然村，迁至琅琊镇建新村定居。

2001年起，武义县下山脱贫由整村迁移转为“整体迁移和零星搬迁相结合、小区安置和中心村安治相结合，鼓励分散迁移安置”。实施下山脱贫与推进城市化相结合战略。在县城(壶山街道)划出土地建立下山脱贫示范区(思源村)安置零星的拆迁户。示范区占地6.45万平方米、总建筑面积7.4万平方米。示范区内设幼儿园、居委会、物业管理，建立2000平方米主题公园。首期安置下山脱贫农民200户，每户拥有宅基地100平方米，菜地0.005公顷。

2002年9月2日，世界可持续发展首脑峰会在南非约翰内斯堡召开，有120多个国家领导人和6.5万名代表出席会议，与会代表收到由中国政府代表团赠送的画册《可持续发展之路——中国10年》。该画册由《求是》杂志社编印，内容中收录了浙江省武义县九龙山村民下山脱贫后发生的图文资料。至年底，武义新建50户以上居住的下山脱贫小区44个、49户以下的下山脱贫店102个。2004年，武义县下山脱贫农民人均纯收入3095元，比欠发达乡镇农民收入村纯收入高出32.3%，比1993年下山前增长4.15倍。

至2005年底，全市累计完成下山搬迁507个自然村，计19704户60128人。其中武义县累计搬迁下山14315户43729人。整村搬迁的计47个，自然村迁移的328个；下山脱贫门口占全县总人口的1/8，婺城区完成整村搬迁的行政村有琅琊镇东坑、西坑、岭后(里花坞)村，沙畈乡大甫、芝肚表(水竹蓬)村，塔石乡葛岭、周山村，莘畈乡中甫、乾头笼村，长山乡安脚村，岭上乡下坞村。磐安县建立下山脱贫小区12个，建立中心村接收75个，共接收下山移民1000余户，3200余人。金华市通过下山脱贫工程，有效地改善山区贫困村的落后面貌，解决村民行路难、上学难、就业难等问题。

养老保障机制

宋朝对无依无靠、无法谋生者置居养家。元、明时期,设养济院。清代,设置栖流所。民国时期,金华有救济院8所,下设育婴所,施医所5所,养济院2所,儿童教养所3处,安老会2处,贷款所1处。

中华人民共和国成立之初,接收改造原有的慈善团体,收入孤老儿童和游民,为生产救养机构。1950年,金华县救济院与省立第二育幼院合并成立金华专署救济院,各县均有生产救济机构,逐步建立城镇职工劳动保险和福利制度。1953年,金华专属救济院和金华县残老院合并,成立金华县社会福利院。1950—1957年,逐步建立国家机关、民主党派、人民团体和社会单位工作人员的劳动保险制度和职工福利制度。1958年至1966年4月,调整、完善劳动保险制度和职工福利制度,统一企业和国家机关、事业单位的退休、退职规定;改进医疗制度;规定职业病范围,并把职业病患者纳入劳动保险;调整学徒工劳动保险待遇、被精简职工的劳动保险待遇、异地支付劳动保险待遇办法;建立城镇集体经济单位劳动保险制度等。

1978年12月,中共十一届三中全会后,逐步调整、完善劳动保险和职工福利方面的法律、规章、政策。1984年,社会保险制度和职工福利制度改革。1985年,首先开始养老保险改革,实行养老保险社会统筹制度,养老保险基金有国家、单位和个人共同承担。1987年,婺城区民政局成立金华市第一福利院。有工作单位的居民和城市居民一般都能享受公费医疗和工伤待遇,并在退(离)休后从原单位领取退(离)休工资,获得一定的生活保障;无工作单位的居民养老和治病,则靠自己积蓄(财产)、子女赡养,或政府和慈善机构的救济。20世纪90年代后,养老、医疗、失业、生育、工伤等社会保险改革逐步深化。2005年9月,金华市政府出台《金华市区社会保险费征缴管理实施办法》,市区范围内的各类企业及其职工和城镇个体劳动者的基本养老保险费、基本医疗保险费、失业保险费、生育保险费、工伤保险费进行统一征缴,进一步提高最低生活保障标准。至年底,全市初步建立起以基本养老保险费为龙头,医疗保险、失业保险、工伤保险、生育保险、被征地农民基本生活保障和农村养老保险、新型农村合作医疗等资金来源多元化、保障运行规范化、管理服务社会化的城乡统筹的社会保障体系。2012年，金华开始面向市民换发金华市社会保障卡，包含医保支付和金融支付功能。

福利院儿童快乐的中秋节

2013年，金华市金东区开始探索居家养老服务模式。利用农村旧校舍、旧办公场所、集体店面房等资源，建设农村居家养老服务中心。采取“日间统一照料、夜间分散居住”相结合，“中心较大村统一布点、边缘较小村分餐配送”的运营模式，解决农村就地养老问题，为全省乃至全国提供了经验和样板，多次受到国家部委和省领导的肯定。此后，经过推广，2015年，全市建成能同时提供20位以上老年人就餐、午休、保健、活动、上门照料服务功能于一体的城乡社区居家养老服务照料中心1917家，覆盖率超80%，直接保障4.5万名老年人就餐等基本需求，服务辐射20多万名老人。建立“96345”服务热线，建立养老服务呼叫中心。政府出资为符合条件对象安装“一拨灵”电话，全天24小时提供送餐、理发、保洁等日常照料。设立养老机构社会工作室、社区社会工作室，举办各类活动，满足老年人精神需求。

2015年，金华连续11年上调企业退休人员养老金，城乡居民医保参保率和基本养老保险参保率分别达到98%、95%，妥善解决失地农民社会保障历史遗留问题。全市收养类社会服务机构154个，床位31516张，每百名老人拥有床位数3.4张，其中国办养老机构16家，民办养老机构57家，乡镇敬老院81家，年末在院人数15255人，农村五保、城镇“三无”对象5043人，共新建城乡社区居家养老服务照料中心847家，累计建成2837家，新增机构养老床位2252张（其中市区新增500张）。建成具有医养结合、家院互融型居家养老服务机构20家。金东区农村居家养老模式入选“2015中国民生示范工程”。

体育强市建设

金华群众体育活动历史悠久，多与生产劳动和社会风俗密切相关。古代崇尚武术，习武强身者多，举重(石锁、石凳、石担)及拳术、气功、棍术遍及城乡。唐代开设武科，民间不少人以应武举试。宋至清金华地区出武进士数百名，东阳厉仲祥、磐安周师锐、金华朱秋魁荣封武状元。明清时期，各县设有武术馆(堂)，教徒授拳。清末，学校教育中普设体操课。民国时期，各县民众教育馆组织群众开展体育训练和比赛。每逢节庆，叠罗汉、舞狮、舞龙、迎花灯、踩高跷、翻九楼、树大旗等各项民间体育活动深受群众喜爱，并沿袭至今。各县都办过规模不等的运动会。棋类尤以中国象棋盛行。1950 年，金华地区首次举行文艺体育比赛。1951 年，举办第一届金华地区运动会。1953 年，各县成立体育运动委员会。

20 世纪 80 年代，金华市体育总会、体育俱乐部成立，组建田径、篮球、武术等 15 个单项协会和中等专业学校、行业体育协会、老年人体育协会等 26 个群众体育组织。市体育学校、少年业余体校和体育传统项目学校共同形成训练体系，培养出郑晨、马苗兰、黄志红等田径运动全国冠军。1990 年，金华市被中华全国体育总会命名为“中国田径之乡”。1996 年，金华市被评为“国家体育锻炼标准全国达标先进市”。义乌、东阳、兰溪、武义、浦江被评为“全国体育先进县”。义乌获“全国武术之乡”“浙江省体育强县”称号。2013 年 4 月 25 至 9 月 28 日，浙江省第二届体育大会在金华举行，来自全省 11 个地市和 11 个行业代表团近 15000 人次参加了 58 个大项的比赛。

2014 年，实行“一县一品”赛事培育政策。利用市体育中心的良好的硬件条件和设施，成功举办了中日韩田径对抗赛、全国男子篮球俱乐部联赛 U16、中国乒超联赛（9 场）、Peter 游族篮球邀请赛、中外篮球对抗赛等高水平体育赛事，全年吸引市民到体育中心活动人数达 130 万人次。举办中国健身名山登山赛、全省山地自行车赛。义乌连续 5 年举办了 CBA 联赛、中国足球超级比赛、中外商人运动会等赛事。武义连续 9 届举办全国汽车拉力赛和全国摩托车越野锦标赛，还举办了第二届亚洲杯桥牌赛、全国

金华体育中心比赛

赛、市首届“浙中体育杯”篮球俱乐部联赛及企事业运动会等各类赛事43场，共接待健身休闲市民200多万人次。市体育馆承办了全国体育舞蹈比赛、省中学生篮球赛总决赛、省业余羽毛球联赛分站赛等赛事。全年全市销售体育彩票8.96亿元，销量列全省第五，创收体彩公益金约7000万元。市江滨小学足球发展走在全省前列，共向恒大、绿城足球俱乐部等输送运动员5人，并获全国东南赛区冠军，打进全国校园足球总决赛，连续4次获得省赛冠军。在省青少年足球丙组比赛中，金华市代表队获得冠军，这是金华市竞技足球获得的第一个省冠军。涌现出大批高水平的运动员，田径的任梦倩、郑小倩，多次在全国以上比赛中获得佳绩；王佳琦成为篮球国少队主力；金华市拳击运动员吕斌获得世界青年锦标赛冠军；艺术体操运动员王玲现任国家艺术体操队队长。任梦倩、王玲、吕斌都获得2016里约奥运会的参赛资格。

桥牌混双公开赛（已连续举办7届）、全国桥牌邀请赛。兰溪连续3届举办全省龙舟赛。东阳举办全国钓鱼比赛4场，省级比赛10余场，参赛运动员达万余人次。磐安连续9届举办“磐安伟业杯”全国象棋锦标赛。

2015年，全市共举办了20多场（次）国家级及省级以上重大赛事与活动，共吸引3万多人次市民前来看赛健身。义乌、兰溪、金东及东阳横店相继举办全程或半程马拉松赛。共有29个国家和地区的23000多名运动员参加比赛，观众参与人数达5万多人。浦江县举办了第29届“黄河杯”全国围棋公开赛。永康举办了全国全地形车赛。市体育中心成功承办了国青女篮对抗赛、全国女子乒超联赛、麦迪明星篮球赛、省壁球锦标

卫生事业

金华传统医药已有千余年历史，名医辈出。唐代开始，金华就有中医、中药为民疗疾，如武义牧牛和尚行医施药。宋代郭时义精岐黄，数世承家学。宋徽宗时，金华郭冯氏治愈徽宗广亲宫皇后危疾，封安国夫人。建炎初年，孟太后有疾，其母汪氏善医女科，应召以牡丹十三方治之，取效神速，封温国太夫人，世袭掌内府药院事。东阳汤民望精小儿方脉，汤衡承祖业，医术名闻乡里。东阳李明甫精针法，章明道长于伤寒。名医武义汤咳、义乌朱杓闻名当时。元代朱丹溪阐发"相火"理论和滋阴学说，冠绝一时，为金元医学四大家之一。兰溪何凤为婺州医学教授，时业医，精其术。明洪武年间，金华设惠民药局。各县设医训科管理民间医药事宜。浦江赵良本、赵良仁从学丹溪，博通经典，所治多验。赵友同、戴思温为永乐时御医。傅子凤擅长人痘接种。东阳陈樵著《郡医纂集》。管元德采药金华山，得异人传授，治疗多效。朱元璋军中多病疫，管元德前往就医，授医学提领。洪武年间，周道观授鲁王府医官。武义韩叔旸治愈太后病，授太医院判。义乌虞博、虞天民逐步形成丹溪学派。永康陈德霓精医术，人誉其医术"冬起雷，夏造冰"。孙橹、卢和、卢洪春、张良心著医学书多部。方学彦专于痘疹。磐安孔立正以儒学明基道，授为御医。

清代，武义潘震江精医术药性，治中风不语者众。武义岩坑伤科创始人廖李旺擅长接骨复位。徐琛擅婴孩科，恤贫不计酬。陈圣玉精于治疗目疾，周显江精于儿科，倪枝维专妇科，朱家佐父子善眼科。同治年间，城区九德堂药店创立。光绪三十一年(1905)，美籍传教士、医师马鉴哲在金华作新小学堂开办西医诊所，并于宣统二年(1910)五月在城内四眼井开办第一所西医院——金华福音医院，同年建成并收治病人。1915年，福音医院创办高级护士职业学校并招收学生。1919年，兰溪创办中医专门学校。1922年，金华县小学始设卫生课。1929年，金华中医界发起成立"金华县中医工会"，向南京政府请愿，反对政府试图废除中医。1930年，金华救济院内设施医所，中医师常年为婴儿应诊。同年11月，日军飞机空投鼠疫、霍乱、伤寒等细菌，

金华市中心医院

政府部署灭鼠防疫工作。

20 世纪 50 年代初，各县建立人民政府卫生科和爱国卫生运动委员会，贯彻执行“面向工农兵、预防为主、团结中西医、卫生工作与群众运动相结合”方针。县、区、乡相继建立医院、卫生院、妇幼保健院、卫生防疫站、卫生学校、药品检验所等机构。1956 年贯彻中央限期消灭血吸虫病的指示，金华首创锑剂三日疗法和口服锑剂疗法，在国内广泛推广。至 60 年代，已建立地、县、区、乡防治结合的医疗保健网。1968 年，地区和县先后成立卫生革命办公室，大办农村合作医疗。1977 年后，恢复和健全医疗机构和制度。

1983 年，中央地方病防治领导小组办公室派专家来金华实地考察，确认金华县是地方性甲状腺肿病重灾区。1985 年，金华县被列为全国 125 个世界银行改水贷款县之一。1987 年，全面供应碘盐，预防地方性甲状腺肿病。1990 年，金华市开始实施“综合性区域卫生发展项目”(世界银行贷款项目)。省卫生厅批准兰溪、永康为“2000 年人人享有卫生保障”试点县。1995 年，全市实现消灭脊髓灰质炎病、血吸虫病。实施职工医疗保险制度走在全省前列。市中医院成为全国示范中医医院。1996 年，市本级被国务院确定为医疗保险扩大试点城市之一。1997 年，农村初级卫生保健行政村卫生室覆盖率达100%。多湖全科医疗示范区建立，为有效利用卫生资源探索一条新路，受到省卫生厅肯定。并大力推广“多湖模式”。2004年开始实施新型农村合作医疗制度。2005年，人感染高致病性禽流感、霍乱和麻疹疫情得到有效控制。

2015年，全市共有医院124家，三级以上医院12家，三甲综合医院1家（市中心医院），三乙综合医院4家（金华市人民医院、东阳市人民医院、义乌市中心医院、永康市第一人民医院）；三甲中医院1家（金华市中医医院），三乙中医院2家（东阳市中医院、义乌市中医院）；三甲专科医院1家（金华市第二医院），三乙专科医院3家（金华广福医院、永康市妇保院、义乌市妇保院）。社区卫生服务中心（乡镇卫生院）155家、门诊部75家、个体诊所、医务室等1293家、村卫生室1649家、社区卫生服务站645家。妇保院10家，采供血机构2家，卫生监督和疾病预防控制机构各10家，全市现有卫生专业技术人员37913人（其中，执业医师、助理医师14756人，护士14330人，药师2469人，技师1971人），每千人卫技人员7.93人。每千人医师数3.08人、每千人护士数2.99人。医疗床位数26496张，每千人床位数5.54张。全年总诊疗5296.89万人次，出院人数85.22万，业务总收入154.95亿元。全市现有民营医院（不含个体诊所、医务室）76家，民营医疗机构核定床位6804张，占25.68%；卫生技术人员总数9129人，占24.08%，民营医疗机构发展居于全省前列。2015年全省基层医务人员技能竞赛，金华市代表队取得了团体第一名的成绩。3月，义乌、磐安、永康、兰溪、武义5个首批试点县市试行分级诊疗，分级诊疗制度在全市初步建立。市区新设100张床位以上民办医疗机构2家（金华众康康复医院、金华长生中医医院）。预防传染病的各项工作指标均位于全省前列。

2015年，东阳市人民医院法人治理模式、东阳市妇幼保健院“中医＋妇幼保健”服务模式和义乌市流动人口计划生育服务分别受到卫生计生委主任李斌和副主任王国强的肯定，金华市基层医疗卫生机构绩效工资综合改革得到省长李强，副省长熊建平、郑继伟的批示推广。

“多湖模式”在全国推广

1997年，在首都医科大学的指导与金华卫生学校全科医学教育研究室的参与下，金华市卫生局和多湖镇政府联合，借鉴国外全科医疗服务模式，在多湖镇确立了全科医疗服务、合作医疗保障、镇村一体化管理“三位一体”的农村卫生综合改革策略，进行中国农村医疗卫生改革的有益尝试。在多湖街道东盛村开展全科医疗试验，作为多湖全科医疗示范区第一个全科医疗站，负责为东盛、西盛、新屋、厅上、樟村5村3000多人口提供集医疗、预防、保健、康复、健康教育为一体的综合医疗卫生服务，并主动开展家庭病床、上门出诊、双向转诊等服务，较好地满足了村民的卫生保健需求。一年后在多湖镇全面推广。从建立初期的2个医疗站发展到7个，形成以镇卫生院为中心、全科医疗服务站为纽带、覆盖全镇35个行政村的全科医疗服务网络，为农民提供方便、快捷、经济、有效的基

社区医疗服务

本医疗服务，促进病人的合理分流，使社区卫生服务的利用更充分有效，多湖农民80%以上健康问题得到就地解决；有效重建了合作医疗制度，初步解决了农民的大病保险，减轻了医疗负担，降低了因病返贫、因病致贫的风险；初步建立了镇村一体化管理网络，整合提高了区域卫生资源的利用效率，规范了农村医疗卫生秩序，提高了医疗卫生服务质量，以优质、主动、综合、连续的服务方式赢得群众的信任。

1999年，全国农村卫生改革研讨会在多湖召开，与会专家学者评价"多湖模式"将全科医疗与合作医疗制度相结合，对农民健康实行全方位连续管理，为社区卫生服务和医学教育改革开创了一条新路，为全国提供借鉴，向第三世界国家传播经验。这项改革经验被专家学者称为中国农村卫生的"多湖模式"。全市、全省、全国上门取经的人络绎不绝，美国、英国、日本、澳大利亚的全科医疗专家也来了。2001年，中央电视台《东方时空》对其作了专题报道。

2004年开始，多湖模式"三位一体"发展为"三化建设"，即卫生机构建设标准化、社区卫生服务规范化、新型合作医疗普及化建设，并在全市全面推行。2006年下半年，在此基础上，提出了建设"健康新农村"新构想，构建了以公共卫生安全体系、社区卫生服务体系、医疗费用保障体系和公共支持为基本要素的基本框架，逐步形成低成本、高效益的农村居民健康事业发展的新格局。

金华概览

生态整治

防灾减灾

新中国成立后，金华市人民政府十分重视对自然灾害的防御。1951年6月，金华专区建立防汛抗旱指挥部(后改防汛防旱指挥部)。所属各县也先后建立县防汛抗旱指挥部（有的初期曾名防汛抗旱治虫指挥部)。乡镇设防汛防旱领导小组，建立健全防灾减灾机制。灾害发生时，统一组织救灾抢险；灾后组织恢复生产，重建家园，把灾害造成的损失减少到最低程度。抗御水旱灾害以防为主，防救结合，政府多次大规模发动群众兴修水利，增强防灾抗灾能力；开展植树造林，减少水土流失。

1985年，实施金华江流域水情自动遥测系统建设。随后，大中型水库相继建设采用超短波传输方式的水情自动遥测系统。1986年，市政府建立金华市防汛防旱指挥部，负责领导、组织全市的防汛、防旱、防台(风)工作。各县(市、区)成立相应机构。1987年，大、中型和小(一)型水库确定防汛责任人。每年4月15日至10月15日为梅雨、台风汛期，市防汛防旱指挥部实行24小时值班制。1988年起，建立防汛工作各级政府行政首长责任制，各有关部门实行防汛岗位责任制。制定金华市区和各县(市)城区防御洪水方案。

20世纪90年代，防汛防旱工作逐渐制度化。1998年，颁布《中华人民共和国防洪法》。1999年，实施金华市防汛指挥信息系统工程建设。1999年12月，完成《金华市洪水风险图及编制说明》。2000年4月，编制《金华市防汛防旱指挥系统工程规划报告》；10月，完成计算机设备及网络布线工程；12月，防汛防旱指挥系统一期软件完成。2001年3月完成《金华市抗洪抢险救灾指挥工作预案》(2004年7月第一次修订)。2003年12月，建成基于二兆电信转专线IP网络的集图像、语音和数据为一体的市、县防汛远程会商系统。2005年，全市建成包括主要江河水文站，大、中、小(一)型水库共212个水情自动采集点，其中横锦、江南两座大型水库位于卫星传输站点。

1973年，浙江省地震办公室在金华市第二中学设地震群测群防测报站。1976年，建立了金华澧浦中学等13个

抢修电路

测报点。1977 年，金华二中测报点改为金华地区地震群测群防中心站，归属地区科技局。20 世纪 80 年代初，金华市开始防震减灾宣传工作。2004 年金华市开始对重大建设项目作地震安全性评测，防灾减灾宣传逐步正规化、多样化。此后，市地震局每年利用“7.28”防灾减灾日等进行地震科普宣传教育，在群众中普及地震基本知识和防震抗震、自救互救知识，增强公众防震减灾意识。并邀请专家到学校开展地震安全教育以及现场演习。

2014 年，建立“政府主导、部门联动、社会参与”的气象防灾减灾工作机制，建立覆盖全市、遍及城乡的气象协理员、联络员、信息员队伍，市、县两级的气象灾害防御规划和应急预案编制率达到100%。全市建成省级气象防灾减灾标准乡镇（街道）153 个，示范社区（村）76 个，322 个重点单位（包括乡镇街道、社区村、气象灾害防御重点单位）通过气象灾害应急准备工作认证。全市建成电子显示屏或多媒体等气象信息接收设施 397 套，建立健全网络（网站、微博、微信等）、手机短信、电视、电台、报纸、声讯、显示屏等组成的气象信息传播体系，扩大预警信息覆盖面，提高乡村、社区的预警信息接收能力。进一步完善公共气象服务体系建设，开发与公众密切相关的气象信息产品和行业所需的气象服务产品，气象服务内容和产品增加到6大类100多种。完成金华市两区气象服务平台建设,开展特色农业、设施农业和农业大户专业专项气象服务。完成婺州蜜梨、兰溪黑炭杨梅、东阳单季稻"甬优9号""巍美"牌作物的气候品质认证。加强部门合作,完善行业气象设施和信息的共建共享机制,深化与农业、林业、水利、国土、民政、电力、环境、交通、旅游等相关部门的合作,为相关行业安全生产和重大活动提供气象保障。

2015年,最大限度减轻洪涝台旱灾害损失,实现了"不死人、少伤人、少损失"的总目标。全市平均降雨量1962.7毫米,列1954年来第三位,先后遭受"灿鸿"、"苏迪罗"和"杜鹃"等台风影响。其中"灿鸿"台风造成全市6个县(市、区)74个乡镇9.22万人受灾,直接经济损失9762.28万元。7月17日,浦江、义乌、金东交界地区遭受强降雨袭击,最大降雨量点义乌毛店桥头,暴雨频率超百年一遇,为义乌市有水文历史记录以来的极值。各水库均发生泄(溢)洪,总次数达85次,为近5年来水库泄(溢)洪最多的年份。在抗击自然灾害期间,相关部门密切监视动态,通过广播、电视、报纸、网站、短信及时向社会发布预警信息65.3万条;市防汛指挥部启动防汛Ⅳ级应急响应1次,防台风Ⅳ级应急响应1次。全市29座大中型水库共拦蓄洪水4.65亿方,沙畈、金兰、安地、九峰、横锦、南江等水库拦洪削峰率达80%以上,其他中型水库拦洪削峰率多在50%以上,减少农田受灾面积29588亩,减少受灾人口8.3万人,直接经济效益2.12亿元。洪涝台直接经济总损失2.92亿元,为2009年来损失最少的年份。全年共安全转移人口4.19万人,无人员因灾伤亡。

水利工程概说

沙畈水库

金华境内江河多属山区性河流，源短流急，季节性强，暴雨倾泻，易成洪灾；长期不雨，便成干旱。金华古代先民以拦引河溪天然水流灌溉农田。东汉时，卢坂侯卢文台率部屯垦婺南括苍辅仓山，始建白沙溪堰。至三国时期，渐成三十六堰，为金华兴建最早、规模最大的古代水利工程。

中华人民共和国建立后，兴修一大批水库。20 世纪 50 年代，水利建设与防洪为主，堵口复堤，处理危险水利工程，并继续完成民国时期遗留的各项工程。随后，有计划地新建一批防洪工程。20 世纪 60 年代，蓄水工程大量兴建，控制一部分河流的集水面积。浦阳江、东阳江始有条件进行初步系统治理：武义江、金华江及部分支流也进行局部整治。20 世纪 70 年代，兰溪建三江(兰江、衢江、金华江)围堤防洪、排涝工程。20 世纪 80 年代，城镇建设步伐加快，市区和各县（市）相继建设城市防洪工程。1993 年，省委、省政府决定根治“三江”(衢江、兰江、金华江及其支流东阳江、武义江)水害，实现钱塘江中下游千里标准堤建设工程。金华市“三江”标准堤建设是其重要组成部分，占全省建设计划的55.4%。1990年代末，进行婺江干堤加固工程建设。

2001年，全市河道疏浚工程启动。2003年起，开始实施“千里河道整治”工程，整治全市范围内的1000.45千米河道。至2005年，全市有大型水库2座，中型水库24座，小型水库765座，正常蓄水库容约17.71亿立方米。另有蓄水1万~10万立方米的塘坝4959座，库容1.24亿立方米，1万立方米以下的灌溉塘8.18万口，蓄水2.1亿立方米。共完成600千米河道整治。2011年、2006年开工建设的九峰水库基本完工，水库总库容9805万立方米，总投资8.32亿元。

2014年，金东区、东阳市、永康市3个全国中小河流治理重点县全面推进。婺城区、兰溪市、义乌市入选第六批中央财政小型农田水利重点县，全市各地均入选中央财政小型农田水利重点县，其中婺城、兰溪为第二次入选。婺城区水务局被评为全国水利先进集体，兰溪市荣获浙江省第二十届“大禹杯”竞赛金奖。源口水库、金兰水库成为全省唯一的水生态监测试点。

2015年，全市完成水利投资38亿元。全市完成病险水库除险加固25座，干堤加固和中小河流治理106.3千米，整治山塘131座，农村河道综合整治503千米，实施河道保洁长度1万千米以上，基本实现河道保洁全覆盖。

水土保持和水源涵养

古时，境内人口稀少，植被人为破坏较少，三国吴宝鼎元年(266)置东阳郡时，山林“躯干参天、树冠茂盛”、“古松合抱莫知岁”。公元10世纪中叶，还有象群出没。随着人口日增，垦殖活动扩大，丘陵山地的林木渐被作物替代。清末，森林破坏、水土流失趋严重。日军进犯金华后，在原有义乌苏溪山区掠夺林木资源，派遣“采伐队”，进山伐木殆尽。民国政府倡导扶持山林，因无有效措施，成效甚微。

新中国成立后，地方政府开始重视绿化造林、水土保持工作。1955年1月，省林业厅组织科技人员，分期分批深入流失严重的金华、兰溪、武义、东阳等数十个县进行调查研究，总结群众保持水土和丰产栽培技术经验，利用广播、报刊、展览馆和召开专业会议等形式，广泛宣传水土保持。1956年5月，金华江、浦阳江水源营造所成立。1958年4月，全专区水利会议在义乌前洪召开，提出兴修水土保护工程。采取封山育林，植树造林，坡耕地改造、修建梯田、梯地，兴建山茅坑、谷坊、鱼鳞坑和水平沟、水平带等工程措施，防止水土流失。是月，苏联水土保持专家扎斯藩夫斯基考察东阳县虎鹿公社蔡宅大队水土保持工作。此后人民公社“一平二调”之风骤起，“大办钢铁”。砍伐林木烧炭炼铁，续之掀起劈山造“大寨田”热潮，大面积的林木、植被被毁，水土流失加剧。1980年7月，重建东阳水土保持科学试验站，址设东阳歌山乡新练村，距横锦水库5千米，11月动工，1982年4月建成，通过降雨、径流、泥沙观察和小区单项水土保持试验，收集并积累观测数据，逐年整理分析，探索浙江中部地区水土流失规律，寻求防治水土流失最佳措施。1981年，兰溪、义乌在基地林和经济特产林周围开始营造防护林带，利用“四旁”隙地，广种乌桕，实行农林间作。1983年初，开始建兰溪水土保持综合实验站，址设兰溪高潮乡石岩村，1985年10月建成。1989年6月，浙江省省长沈祖伦视察试验站。此后，中国科学院北京沙漠研究所，兰州沙漠研究所等15个科研院所来站考察。1991年，有德国、美国、日本及亚太地区16个国家专家先后来站参观考察。是年，试验

绿色古子城

站承担国家“金衢盆地土地退化及综合整治试验示范研究”课题。其研究成果获省水利厅科技二等奖。

1991 年，贯彻“因地制宜，综合治理，防治并重，治自结合，突出重点，讲求实效”的方针，先后对市域内 9 个县(市)的红壤、低丘、疏林地、无林地，按规划进行综合治理。1994 年 5 月下旬，省林业厅治沙领导小组在金华、兰溪二县作沙化土地普查试点。尔后，普查全面展开。1995 年底，义乌市森林覆盖率比 1990 年增加 11.19 个百分点。沙区有林地每公顷平均含水量比原来增加 420 吨，水土流失减少 88.7%。东阳江、南江横贯东阳腹地，历史上经常洪水泛滥，经过两江沿岸治理，大力营造护岸林、竹林，以及对水库上游及四周山林实行长期封育，水源得以涵养。1996 年，磐安实施钱塘江、瓯江、灵江、曹娥江四大水系源头森林植被保护工程。

1996 年 9 月金华市水土保持办公室成立，组建水土保持监督执法队伍，防止水土流失工作逐步规范。义乌市大坞坑水土保持治理工程、东阳市罗峰水土保持治理工程、永康市石溪流域水土保持治理工程相继实施，后均被命名为“全国水土保持生态环境建设示范小流域”。2001 年，磐安县列入长江中下游防护林体系建设工程国债项目，中央国债无偿投资 140 万元。

2002年，金华市委、市政府启动沙（畈）金兰水源涵养生态功能区建设，专门成立金华市沙金兰水源涵养生态功能区建设领导小组，制定《金华市沙金兰水源涵养生态功能区建设和保护规划》，建立生态功能区补偿机制，大力发展生态产业，将涵养水源、保护环境与帮助村民脱贫致富结合起来。2004年，沙金兰生态功能区按照“建生态保护区，保一级饮用水”的要求，落实生态公益林补助资金150万元，实施1.47万公顷生态公益林封山育林；实施国债项目山地人工造林53.33公顷；开展农村污污染源综合治理，垃圾清理从3个村扩大到12个村，建设库区垃圾焚烧炉；实施生态移民工程，有280人下山脱贫，编制库区97家竹木加工企业搬迁方案。2015年，金华水土保持监督管理能力建设通过省级验收，其中兰溪、义乌、永康、东阳、浦江、磐安通过水利部抽查复核验收。全面开展开发建设项目水土保持监督检查，全市共检查项目266个，检查人次502次；对53个生产建设项目水土保持方案实施进行情况检查与评估工作。全市审批水土保持方案195个，其中市本级35个。征收水土保持补偿费1032万元。推进水土流失治理，改善生态环境，全市治理水土流失88.87平方千米，中央补助资金项目沙金兰功能区石坞等小流域水土流失治理工程通过完工验收。

小流域治理

1995年10月，浙江省人民政府决定在全省范围内积极推进小流域治理。1996年10月15日，金华县白沙溪等7条河流被列入全省第一批治理名单。2000年，金华市及县(市、区)的《小流域治理“十五”计划和依据和2015年长远规划》相继编制完成，确定金华市“十五”期间计划治理的小流域为35条，其中婺城区梅溪、兰溪游埠溪、义乌市洪巡溪、永康市新楼溪、八字墙溪等14条被列入“十五”期间浙江省的一百条重点治理小流域名单。

白沙溪治理 白沙溪是金华江的一级支流，为金华市市区河道，流域面积302.8平方千米，主流长62千米，上游建有沙畈、金兰两座。金兰水库以下至金华江汇合口河道长19.5千米，区间集雨面积32.8平方千米。列入省级重点小流域治理工程后，实施水土保持、防洪、灌溉、供水统筹兼顾的综合性开发治理。建防洪堤工程，长度16.9千米；河道疏浚修建灌排渠道12.5千米；新建上下河堰和第四堰各1座，跨河建筑物4座。对西叶坞、庙湾、千竹垅3座病险水库加固。综合治理后，白沙溪上游森林覆盖率从51.3%提高到79.5%，水土流失基本得到控制；改善白龙桥、琅琊、长山3个乡镇5667公顷农田灌溉用水。防洪能力提高

磐安平板溪

到10年一遇。

梅溪治理 梅溪是武义江的一级支流，流域面积248平方千米，主流长54千米，中游建有安地水库。辖区内有仙源湖旅游度假区、市经济开发区及安地、苏孟、雅畈3个乡镇。到2003年底，梅溪小流域修建防洪堤9.8千米。堰坝3座，完成安地水库灌区干渠的配套建设，进行以土地简整理为主的溪口下、黄田畈农业综合开发，提高流域防洪抗洪在能力。

游埠溪治理 游埠溪发源于建德天地山，流域面积1624平方千米，河道长36.1千米，在兰溪境内长26千米，从游埠集镇中间通过后入衢江。2000年，郦村桥下游段开工，进行小流域治理。2001年，郦村桥至裘家机埠渠道渡槽段开工，2004年完成。从辽溪桥老河道改由划船塘入衢江的改道工程长4.1千米，填筑土方27万立方米。护砌混凝土1.4万立方米，桥、涵、闸等配套建筑物16处，共投资1475万元。

洪巡溪治理 义乌市洪巡溪全长14.5千米，流域面积70平方千米。到2003年12月，该流域治理中已完成河道改造1.2千米，完成土石方3.4万立方米，投入资金300万元。通过整治，增加灌溉面积3189公顷，改善灌溉面积4557公顷，改造低产田4557公顷，增加耕地200公顷。

新楼溪治理 永康市新楼溪流域面积35平方千米，主流长3.3千米，域内有新楼乡19个村，人口1万人，耕地面积452.36公顷，林地2562.38公顷。经过2001—2003年的治理，新楼小流域内，新建灌溉面积10公顷，改善灌溉面积240公顷，低产田改造200公顷，新增耕地面积30公顷。土地利用率从85.2%提高到85.8%，植被覆盖率从75.1%提高到77%，防洪标准从两年一遇提高到五年一遇。

八字墙溪治理 永康市八字墙溪系流域面积37.6平方千米，主流长7.2千米，域内有八字墙乡21个村，人口1.13万人，耕地面积445公顷，林地面积2713.5公顷。治理后新增灌溉面积9公顷，改善灌溉面积180公顷，低产田改造72公顷，新增耕地10公顷。土地利用率从90.2%提高到90.8%，植被覆盖率从76%提高到78%，防洪标准从2年一遇提高到5年一遇。至2003年12月底，完成河道改造1.2千米，修建防洪堤4千米，低产田改造4557公顷，完成土石方3.4万立方米，共计投入资金300万元。

环境保护

20世纪70年代起，环境保护工作逐步提上了各级政府的议事日程。1973年，金华地区革命委员会生产指挥组配备1名环保专职干部。1977年7月，成立金华地区环境保护办公室和环境保护科研监测站。此后，各县(市)相继建立环境保护机构。1978年，金华是浙江省工业污染源调查试点，省政府在金华召开现场会。

20世纪80年代，金华地、县两级政府环境保护管理机构逐渐健全，制定环境保护规划，重视环境管理工作。1981年，金华、兰溪、义乌首次对部分企业征收排污费。翌年，东阳、武义、永康、浦江陆续开展排污费征收。1983年9月，撤销金华地区环境保护办公室，成立金华地区城乡建设保护办公室。1985年8月，建立金华市环境保护局；10月，市区建立烟尘控制区。

20世纪90年代，在加强环境保护宏观管理的同时，开展全市环保执法大检查，实施全省“六个一工程”(到1997年，全省建立100个烟尘控制区、100平方千米噪音达标区、100个合格饮用水源保护区、100个生态村镇、限期治理100个重点水污染源和100家大中型水泥厂)，解决一批突出的环境问题。

1996—2005年，全市不断增加对环境保护设施建设的投入，累计总投资49.21亿元。2004—2005年，金华市启动生态市建设，开展“蓝天、碧水、宁静、生态、素养”五项环保行动，实施“八项”重点工程：城市保护基础设施建设工程、生态经济建设工程、生态公益林建设工程、林产品基地建设工程、河道整治工程，小流域治理工程，千万农民饮用水工程和设施生态镇(乡)、村建设工程，使生态环境得到有效改善。2005年，全市烟尘控制区扩大至349.5平方千米，噪音达标区为170.9平方千米。工业废水排放达标率96.5%。工业固废综合利用95.1%。创国家环保模范城市的27项考核指标有20项达到标准。

20世纪70年代前，金华市地表水质环境质量总体状况较好。80年代起，呈逐渐下降趋势。1984年，对金华江水质检测结果，氨氮超标20.83%，化学耗氧量超标15.62%，油类超标10.42%，氨氮最高值达4.10毫克/升,超国家标准7倍以上。从检测结果看,宣平溪的水质较好且稳定,其次是兰江,东阳江、南江,金华江的水质一直较差。2003年,在全市饮用水源地设8个检测断面,分别为横锦水库出水口,南江水库出水口,杨溪水库出水口,金兰水库出水口,源口水库出水口,金康岭水库出水口,芝堰水库出水口,八都水库。所有饮用水源皆为Ⅲ类以上水。对水库水质进行营养化程度评价,南江水库、杨梅水库、八都水库、源口水库为中营养,横锦、金坑岭、芝堰、金兰水库位于低富营养。2005年,南江水库、横锦水库、杨溪水库主要污染物为总磷。对水库水质进行营养化程度评价结果如下,金坑岭水库,杨溪水库、八都水库、源口水库、芝堰水库为中富养,南江水库为富营养,金兰水库为贫营养。

20世纪70—80年代,金华地区的大气污染主要属于煤烟型。污染物主要来自工业炉,窑和生活炉灶的燃煤废气及汽车尾气,工业生产过程的排放的废气、粉尘等也造成局部范围内大气的污染。80年代,炉窑燃煤时排放的废气为当时主要大气污染源。20世纪90年代,永康等地兴建1360多家小冶炼企业。1999—2003年,市区和各县(市)城区进行大规模旧城改造和新区开发,增添新的污染源。21世纪初,机动车迅速增多。至2005年底,全市机动车辆74万余辆,其中市区12.5万余辆。市区八一北街高峰期的车流量达每小时4000辆次。同时,城镇普及家用空调。这些都给城市增加大量的废气污染源,严重影响城市空气的质量。2005年,金华市各县城环境空气中的二氧化碳、二氧化氮和总悬浮颗粒物的年日均值都符合国家二级标准;市区和义乌城区的空气质量优良率分别为81.4%和80.4%,均达到国家环保模范城市的单项要求。

2013年,全市环保工作紧紧围绕“生态金华、美丽金华”建设目标,以重点

金华三江六岸

行业整治、污染减排、“四边三化”、“双清行动”等为抓手，坚持以治水为突破口倒逼转型升级，着力解决突出环境问题，全力保障生态环境安全，较好地完成了各项任务。全市饮用水质连续10年100%达标；全市流域考核结果为优秀，首次实现市县两级流域年度考核均在合格以上；市本级平均城市环境空气优良率为84.9%，各县(市)空气质量均符合国家二级标准；全市区域噪声低于55分贝，是全省低噪声区。

污水截流干线管道 1986年10月，市政府开始建设金华江城区段北岸截污工程。1989年，截污工程建成。管道总长4.16千米，其中773米采用直径800~1200毫米的钢筋混凝土管，3.38千米采用现浇250#钢筋混凝土拱形渠，主要接纳金华江城区段北岸排放的污水，由上浮桥沿防洪坝脚到河盘桥自来水厂下游350米处铺设截污干线管道，总投资329万元。1988年—1989年，建成西区排污工程。该工程是综合治理饮用水源和长湖流域的分项工程，总管道全长2.7千米，投资204.5万元。此后，金华城区排污管网不断完善。到2002年底，完成截污干线管道5.5千米，加上江北4.64

千米的沿江截污老箱涵和4千米的西区大排污管道，实现江北污水全部进污水处理厂处理，处理率31.86%，日处理量3万~5万吨。金华城区污水收集管网基本形成，截污范围50平方千米，城区污水基本上通过，污水处理厂处理。2014年起，金华市集中对江北老城区进行截污纳管改造。特别是浙师大区块截污纳管工程，不仅创造了金华城建新速度，也解决了浙师大数万师生污水直排的困扰，得到省委、省政府主要领导的充分肯定。

污水处理厂 1998年8月，义乌市污水处理中心开工建设，为全市污水处理厂建设之始。2000年3月，金华市秋滨污水处理厂开工建设。2002年3月，秋滨污水处理厂建成，7月25日投入运行。秋滨污水处理厂是一座城镇两级污水处理厂，设计总规模为日处理污水45万吨，2005年底，全市有金华、义乌、东阳、永康、浦江和东阳横店镇的6座污水处理厂建成，总投资12.82亿元，日处理城市污水能力达27.5万吨。到2015年，全市共建有污水处理厂15个。

垃圾填埋场 1993年1月，全市第一个垃圾填埋场在东阳市开工建设，是年12月，金华市环境卫生管理处从金华县黄土丘陵办公室转租雅湖山地15.67公顷，该山地位于江东镇雅湖村所属的对泥垄，开始建设市区第一个垃圾填埋场。1994年9月，完成第一期工程并投入使用之后。此后，永康市、浦江县，义乌市和磐安县陆续开工建设垃圾填埋场。至2005年，全市有(含在建)垃圾填埋场6座、总库容量863万立方米，总投资1.36亿元。

垃圾焚烧热电厂 2000年前，全市垃圾或用做农作物肥料，或以低洼堆填，或进行覆土卫生填埋。2001年，开始尝试垃圾焚烧处理。是年6月，全市第一座垃圾焚烧厂义乌市垃圾焚烧热电厂开工建设、项目总投资1.91亿元，占地面积6万平方米。

2004年1月，金华市垃圾焚烧热电厂项目开工建设。该项目总投资2亿元，日处理垃圾800百吨，配套建设一台15兆瓦抽气供热式汽轮发电机组及相应的烟气处理和辅助设施，以增加供热能力。2005年11月，竣工投入使用，城市垃圾生活垃圾部分实现无害化、资源化处置。

水污染治理 20世纪70年代，市区部分企业采用简单的方法处理污水。金华化工厂、染化厂、皮革厂用中和、沉淀方法处理废水，金华酒厂利用废水制取胡敏酸铵肥料。1976年5月，金华印染厂首次采用生化曝气法处理废水。

20世纪80年代末，废水处理技术有所提高。1984年11月，金华染整厂废水处理接触氧化——气浮装置建成投入运行。1985年起，金华市对有污染的建设项目实施《环境影响报告书（表）》制度。是年5月，金华车圈厂电镀废水离子交换处理装置投入运行.1986年起，每年春节期间对金华江上游的重点污染企业采取停产限产措施。是年，金华肉联厂二级气浮装置投入使用。1989年，全是有污水处理设施180套，实际处理废水量2570万吨，处理率达85.36%。

1988年1月14日，市人大常委会作出《关于抓紧治理金华江水系污染的决定》。2月5号，市政府向全市发出《关于认真贯彻落实〈市人大代表大会常务会关于抓紧治理金华江水系污染的决定〉的通知》，对金华肉联厂等26家重点污染企业提出限期治理要求。随后，全市各级采取关闭、搬迁、停产、罚款、限产、限排污、限期治理，"一控双达标"和"零点行动"等措施对水污染实施综合治理。是年，市环保局对金华江水环境资源现状功能进行调查，并测算金华江环境容量，全面展开水污染排放总量控制的试点工作。该项目被列入1988年全国18个环保试点项目之一。

1989年4月开始，利用金华江水量暴涨暴落的特点，实行季节性控制，确定"丰放、平控、枯限"的控制战略。是年，对金华江上游的44家重点污染企业颁发季节性排污许可证，并实行每月通报制度。1992年，金华江水系26家重点污染企业共投入治理资金2022万元，建成21套污水处理设施，基本完成限期治理任务。1996年，对全市生产工艺落后、技术装备差、缺乏污染防治措施的212家污染严重的"七小"企业进行整顿，其中责令限期治理34家，关、停25家，给予警告和其他处理153家。1997年，金华市市长与各县(市)长签订流域水环境保护责任书。1998年6月，金华江流域水污染决策支持系统通过国家环保总局科技司主持的成果鉴定。1999年，全面实施环保"一控双达标"，和金华江流域环保"零点行动"。2000年底，全市列入"一控双达标"的1806家工业污染企业基本治理完成。

2005年，全市开展"万里清水河道整治工程"，全市共完成河道整治212千米，投资约4亿元。是年，全市还有67家企业正在安装在线监控装置。

大气污染治理 1985年10月，市区开始分期分批进行烟尘污染治理，建立烟尘控制区，使大气污染防治从点源治理逐步转到区域综合治理。2005年，全市共建成烟尘控制区347.07平方千米，其中东阳、永康、义乌是分别建成烟尘控制区51平方千米、60.56平方千米和103.53平方千米。

声音污染治理 1996年1月开始，在市区一环以内实行禁止，销售和燃放烟花爆竹。1996年，完成省下达的“六个一工程”的工作任务，即在市城区建设环境噪音达标区8.7平方千米。

1997年开始，市区实行禁鸣机动车喇叭。1999年，市区穿城而过的老铁路全线拆除。2001年，金华市城区环境噪声达标区扩大到34平方千米。2002年，又扩大扩建16平方千米，环境噪声达标总面积达50平方千米。2004年，金华市区二环路基本建成，许多外地车辆绕城通行。1988点，金华城区首先在西市街片建立噪声控制区，采取各种措施对生活噪声进行控制，禁止使用大功率的广播喇叭、文化娱乐、餐饮业排放噪声要达到区域环境噪声标准，禁止使用营业性喇叭招揽顾客，严禁控制文化娱乐场所的营业时间和音量，超标扰民单位必须采取有效的减噪、降噪措施，对超过排放标准造成噪声污染扰民的进行相应的整改和搬迁。至1995年，基本解决城区的工业噪声污染。

2015年，部署实施治污水十大工程。强力推进70个排污口整治，建成5座污水处理厂，推动20个城镇污水处理厂一级A提标改造，完成黑臭河深化提升76条629.7千米，消灭省控、市控劣V类断面2个，减少劣V类乡镇交接断面断面53个。全市42个地表水监测断面，Ⅲ类以上比“十一五”末提高23.5个百分点；16个省控断面，Ⅲ类以上提高31.3个百分点；20个县（市）交接断面，Ⅲ类以上提高32.4个百分点；10个市界出境断面，全部稳定达到Ⅲ类以上；全流域消灭劣V类断面14个。8个县级以上集中式饮用水源地水质全部达到100%。全面落实建筑工地“七个100%”控尘和主要道路全天候洒水等措施，实施烟花爆竹禁燃限燃，淘汰燃煤锅炉2272台，黄标车40881辆，完成脱硫脱硝工程项目10个，VOCs污染整治146家，大气污染限期治理项目21个，烟粉尘治理项目17个，水泥行业整治18家。整治六大重污染高耗能行业企业523家、完成率100%，各县（市、区）整治工作区域验收全部完成，电镀、印染等8个专业园区建设基本完成，以区块特色行业为重点的“低小散”行业（浦江水晶、挂锁，永康铸造，东阳红木，兰溪锡箔，婺城锯木板，武义塑料制品）整治有序推进。2015年，市区空气AQI优良天数比例73.3%，提高16.2个百分点，PM2.5浓度54毫克/立方米，较2013年下降22.9%。化学需氧量、氨氮、二氧化硫和氮氧化物分别较2010年累计下降17.88%、15.14%、19.41%和26.18%，完成“十二五”减排目标的147%、109%、148%和163%。

五水共治

2013年6月26日，省委书记夏宝龙在浦江召开全省水环境综合治理现场督办会，提出以治水为突破口坚定不移推进转型升级，以壮士断腕的决心淘汰落后产能，拉开全省治水工作的序幕。金华市以“不留退路、不作解释、不拖时间、绝不手软”的精神，厉行最高标准、最快速度、最严问责、最强声势抓治水，八婺大地迅速掀起全民治水的高潮。当年，金华市人大常委会作出决定，明确“一年灭黑臭、两年提水质、三年可游泳”的目标。2013年底，省委十三届四次全会提出治污水、防洪水、排涝水、保供水、抓节水“五水共治”的重大决策，要求治污先行，以治水位突破口推进经济转型升级。2014年初，金华市召开全市“五水共治”动员大会，各级干部2万人参加会议。各县（市、区）委书记牵头整治辖区一条水质最差河流，市（县、区）长牵头创建一条最美河流。2014年，全市投入财政经费116.8亿元，其中在2013年基础上压缩三公经费30%，全部用于治水项目。在全市范围推行“河长制”，辖区党政领导干部担任河长，对境内河道水环境直接负责。动员社会各界广泛参与治水，动员人数达到250万人次。加大对境内电镀、印染、化工、造纸、制革以及农村畜禽养殖、河道采砂等重污染行业治理力度，关停淘汰污染企业56家，整治提升企业278家，取缔低、小、散企业8000余家，关停、搬迁污染养殖场1.4万家，整治砂厂633家。加大对治水项目的支持力度，2014年安排治水项目495个，新增污水处理能力15.3万吨/日，新建污水管网379.4；启动农村生活污水治理1716个村，新增受益农户26.3万户。完成水库除险加固22座、河道综合整治483.9。新增旱涝保收面积4.75万亩，改造农田渠道531.2。加强新闻媒体与社会群众对治水工作的监督，金华电视台播出的《八婺问水》栏目，在一年时间里曝光了90个污染问题。8890投诉平台受理相关举报809件，对群众意见较大的污染企业、重大典型环境违法企业，实施行政、民事、刑事三责并追。

2014年、2015年，金华市五水共治工作得到省委、省政府高度肯定，连续捧回省五水共治优秀市奖杯——大禹鼎。

全市10个出境水断面全部达到三类水质。在全省率先完成“清三河”任务,环境得到明显提升改善,旅游特别是生态旅游人数显著提升。2015年,全市10个出市境断面全年稳定在地表水Ⅲ类水质标准,达标率为100%。23个县(市)交接断面中,Ⅰ-Ⅲ类断面20个、Ⅳ类3个,Ⅲ类水质达标率为85.0%。42个地表水断面自改革开放以来首次全面消灭劣Ⅴ类水质,取得历史性突破。成功创建省级节水型城市,水资源管理制度在全省推广。全年关停淘汰“低小散”企业(作坊)2096多家,整合入园553家,改造提升3208家,为新兴产业腾出了发展空间。创设“一口双哨”“一口三哨”哨长制和“挂牌交办销号”等机制,推进排污口整治。省委书记夏宝龙批示:“这样抓就实了。”武义县首创治水“四单一评”工作要求,对“五水共治”工作实行清单管理;以治水倒逼“四个转型”推进“摘帽快跑”,得到省长李强批示肯定。浙师大截污干管工程涉及部队通讯光缆、铁路公路交通等,是近年来金华市区干扰因素最多、施工最复杂的市政工程项目。市建设局会同相关部门、婺城区政府,在10天之内,完成了5家单位、6户农户、26户国有房屋以及部分土地的征收和沿线苗木的搬迁工作,48天全线贯通截污干管工程,创造了金华治水新速度,得到省委书记夏宝龙的批示肯定。全市共设置市、县、乡、村四级河长4250名,配备“河道警长”714名,全市365条主要支流、河道河流包河到人。金华市区、义乌市污水处理厂全部实行严于“国标”的“金华标准”、“义乌标准”。建成投运5座污水处理厂,新增日污水处理能力21万吨。城镇污水处理厂一级A提标改造16座完成、4座开工。金华市排涝水实施项目、雨水收集系统实施项目、雨水管网建设和抓节水投资等完成率,位居全省前列。义乌市通过问题督查整改,打造成治水督查的“佛堂样板”,受到副省长熊建平的批示肯定。突出抓好印染、化工、造纸、制革等重污染行业整治,354家企业整治全部完成,全市新建电镀园区(集聚区)4个,完成整治重污染行业523家。实行排污权竞拍出让交易机制,实现排污权交易2163家1.29亿元。完成1601个村生活污水治理工程,受益农户27.74万户。

2015年,金华市“五水共治”工作得到省以上领导批示肯定36件次,被人民日报社《民生周刊》杂志评为“2015年中国民生十大示范工程”。央视共同关注栏目、新华网、人民网相继专访市委书记徐加爱,并在腾讯、新浪等主流网站首页推送。

生态市建设

2000年，市政府制定《金华市生态环境建设大纲》，开始实施生态建设项目。9月，市政府与各县(市、区)政府签订生态市建设目标责任书和工作任务书。2003年9月，按照省委、省政府建设生态省、打造"绿色浙江"的战略部署，市委、市政府召开全市生态市建设暨环保工作会议，提出立足金华实际，全面启动生态市建设。成立金华市生态建设工作领导小组，推进"蓝天、碧水、宁静、生态、素养"行动计划，打造"绿色金华"的工作目标。市政府与各县(市、区)签订《金华市生态市建设市、县长责任书》。

2004年3月，市生态办公室对各地实施情况进行考核。8月，《金华生态市建设规划》经市人大常委会第39次会议审议，市人大常委会作出建设生态市的决议。9月，市政府召开全市实施金华江流域"碧水行动"动员会，签订《2004—2009年环境污染综合整治及"碧水行动"县、市长目标责任书》。全市积极探索生态兴市发展新路，建立生态工业；加快建设无公害农产品基地；打造生态旅游品牌；开展生态公益林基地建设。至2004年底，全市各县(市、区)人大常委会都作出建设生态县(市、区)的决定，并由当地政府组织实施。是年，全市完成绿化造林2462.53公顷，建成婺城茶花、桂花基地、金东绿化苗木基地、兰溪大红柿基地、东阳香榧基地、浦江桃形李基地、永康方山柿、森林蔬菜等8个林业特色林产品基地。2005年，市委、市政府成立生态市建设领导机构，形成生态市建设的组织协调网络。全市围绕创建国家环保模范城市和生态市建设的总体目标，继续实施金华江流域"碧水行动"和大气环境整治的"蓝天行动"，加强环境监管，加大执法力度，着力建设宜人居住的山水生态城市。4月22日，市政府召开各县(市、区)环保局局长会议，专题研究重点整治环保问题。4月30日，五届政府第一次常务会议决定对开发区大黄山区块及婺城区乾西乡化工企业污染开展治理。6月10日，市政府下达《关于印发金华市区矿山自然生态环境保护与治理规划的通知》。8月2日，中共金华市委、金华市政府联合下发《关于推进生态市建设的若干意见》。8月12日，市委、市政府召开全市项目暨循环经济工作会议，倡导发展循环经济项目，鼓励企业利用废弃、废水、废渣等废弃物为原料进行生产。12月26日，大黄山化工园区的8家化工企业整体实施关停，解决金华市区化工区的环境污染和安全隐患。是年，全市有60个乡镇完成生态乡镇建设规划的编制，建成省级生态乡镇1个，市级生态乡镇35个。义乌市大陈镇被国家环境总局命名为全国环境优美乡镇。全市建成国家级“绿色学校”5所，省级“绿色学校”29所，市级“绿色学校”96所，建成国家级“绿色社区”1个，省级“绿色社区”16个，市级“绿色社区”26个，建成省级“绿色企业”15个，省级“绿色医院”1家，省级“绿色饭店”11家，2个家庭被授予省级“绿色家庭”称号，72个家庭被授予市级“绿色家庭”称号。全市实施生态公益林建设面积是19.76万公顷，累计建成生态公益林4.78万公顷。

2011年开始，金华市全面推行农村垃圾统一收集、分类减量等长效管理制度，改变农村生态卫生脏乱差的形象，推进美丽乡村建设。农户垃圾简单地按照“能烂”“不能烂”分类，然后通过村二级分类集中回收，分类处理。该项目在全市全面推开后，每年将减少垃圾清运处理费用4000万元，减少化肥购买3000万元。同时，减少了垃圾总量，大大美化了乡村生活环境。

2013年6月，浙江省在浦江召开全省水环境综合治理现场督办会，开始浦阳江水环境。2014年初全市召开“五水共治”动员大会，市县乡村四级参加干部达2万人。全市各界积极投入全民治水、全域治水、全力治水当中。全市实行河长制，由党政负责人担任受污染河道长，全面负责河道治理工作。利用各级媒体监督曝光污染现象，2014年到2015年9月，金华电视台跟踪曝光90个污染问题。2014—2016年，全市安排治水建设项目780个，总投资492亿元。通过淘汰低小散企业，保护环境生态，促进经济转型。浦江县在2014、2015两年内，关停取缔无证无照和非法排污水晶加工户19680个，建设4个水晶集聚园区，实现统一排污。2014年，金华市捧回了浙江省“五水共治”优秀市“大禹鼎”，群众对治水工作满意测评达到98%。

2014年开始，金华市将大气环境治理列为十大民生实事，气尘合治，遏制空气质量恶化，PM2.5严重超标和雾霾等环境问题。市区通过淘汰黄标车，推广应用新能源汽车，提升燃油质量等手段，减少汽车有毒有害尾气排放；通过控制工地扬尘、道路扬尘、渣土运输扬尘等“十类扬尘”，减少尘土飞扬；通过烟花禁燃、秸秆禁烧、垃圾禁焚等手段，降低秋冬季雾霾发生可能性。同时，关停城区高污染企业，转变能源使用结构，提升企业治污技术，倡导市民绿色出行。2015 年，市区空气质量明显好转，PM2.5 浓度均值同比下降 64.8%，空气质量优良天数同比提升 42.8%。

2014 年 2 月 19 日，国家林业局批复同意金华市创建国家森林城市。东阳市和武义县成功创建省级森林城市，新增省级森林城镇 8 个，新增市级以上森林村庄 171 个。2014 年全市完成森林通道建设 1026，绿化面积 5402 亩，通道沿线林相改造 56715 亩；举办生态科普活动 83 次，建设科普知识教育基地 40 个。全市共有 208.63 万人次参加义务植树活动，栽植各类树木 934.7 万株，全民义务植树尽责率达 85%以上。2014 年，全市已成功创建省级森林城市 5 个，省级森林城镇 27 个，省级森林村庄 91 个，市级森林村庄（含绿化示范村）1319 个。全市共有林业用地 1049 万亩，占土地总面积的 63.85%。林木蓄积量 3083.80 万立方米，居全省第 3 位；森林面积 983 万亩，居全省第 4 位；森林覆盖率 61.01%，比全省平均水平高 0.1%。造林更新面积 90462 亩，其中人工造林 56606 亩，完成森林抚育 48 万亩，重点防护林工程 3300 亩；完成平原绿化 47583 亩，重点生态公益林建设面积达到 416 万亩，优质林分面积达 334 万亩。2015 年 11 月，义乌市成功创建国家森林城市。

2014 年 7 月 14 日，中共金华市六届七次全会通过了《中共金华市委关于建设美丽金华创造美好生活的决定》，贯彻落实中共十八大以来，以习近平为总书记的党中央对生态文明建设提出的一系列新思想新论断新要求。要求全市上下要把生态文明建设放在突出位置，通过加快转变经济发展方式，加强生态环境综合治理，扎实推进新型城市化，建立最严格环境准入制度、全方位环境监管制度、零容忍责任追究制度、多元化投入保障制度等手段举措，建设人民幸福满意的美丽金华。

2015 年，全市共建成国家级生态县 2 个、国家级环保模范城市 1 个、省级生态县 3 个，国家级生态乡镇 41 个、省级生态乡镇 135 个。为获评“全国森林城市”打下坚实基础。

后记

为给金华市机关领导干部提供了解金华历史的资料，市地方志办公室从2012年9月开始编发“金华市情卡”，每周一期。这一做法得到浙江省社会科学院党委书记张伟斌等领导的好评，受到市机关部门部分领导的赞许。金华市人民政府副市长林丹军等领导在肯定这一做法的同时，提出了新的要求。2013年底结束“金华市情卡”编发，开展“金华地方志”微信公众平台建设，同时着手整理汇编成书，述录下限为2015年底。

本书资料主要来源于二轮《金华市志稿》及有关报刊，由袁朝明、郑龙负责编纂，方军、俞荣梁等做了大量工作。历史照片为市地方志收藏资料，当代照片主要由洪兵提供，黄泽振、李建林、时宽兵等也为本书提供了照片。对本书编纂过程中提供帮助的所有人，在此一并表示感谢。

“方志流传绵延千载，贵在史识，重在致用。”请本书使用者多提宝贵意见，以便纠正补正。

编　者

金华概览

金华市地方志编纂委员会办公室　编

方志出版社
Publishing House of Local Records

图书在版编目（CIP）数据

金华概览 / 金华市地方志编纂委员会办公室编. —
北京 ：方志出版社，2016.10
ISBN 978-7-5144-2160-6

Ⅰ. ①金… Ⅱ. ①金… Ⅲ. ①金华—概况 Ⅳ.
①K925.53

中国版本图书馆 CIP 数据核字（2016）第 259650 号

金华概览

编　　者：金华市地方志编纂委员会办公室
责任编辑：张　昊

出 版 人：冀祥德
出 版 者：方志出版社
　　地址　北京市朝阳区潘家园东里 9 号（国家方志馆 4 层）
　　邮编　100021
　　网址　http://www.fzph.org
发　　行：方志出版社发行中心
　　电话　(010) 67110500
经　　销：各地新华书店
印　　刷：金华市曙光印务有限公司

开　　本：889 × 1194　　1/16
印　　张：16.5
字　　数：271 千字
版　　次：2016 年 10 月第 1 版　　2016 年 10 月第 1 次印刷
印　　数：0001～1000 册

ISBN 978-7-5144-2160-6　　**定价**：150.00 元